「絵を見て話せる タビトモ会話」の使い方

試着してみていいですか？ …… 日本語
Can I try this on? …… 現地語
カナイ チュライ ディス オン♪ …… 現地語読み
Puis-je l'essayer? …… フランス語

はい。どうぞこちらへ
Of course, please come this way.
オヴコース　プリーズカムディスウェー
Bien sûr, suivez-moi s'il vous plaît.

日本人　　カナダ人

※日本人と現地のカナダ人とをイラストでわかりやすく示し分けています。左側の男女が日本人、右側の男女がカナダ人を表しています。

大きなイラスト単語

場面状況がわかる大イラスト。イラストに描かれている個々の名称、想定される単語なども詳しく示しました。フレーズ例と組み合わせる単語としても使えます。フランス語も付いています。

行動別インデックス

旅先でしたいことを行動別に検索できるカラーインデックス。それぞれ行動別に区切りをつけて色別に構成しました。さあ、あなたはこれから何をする？

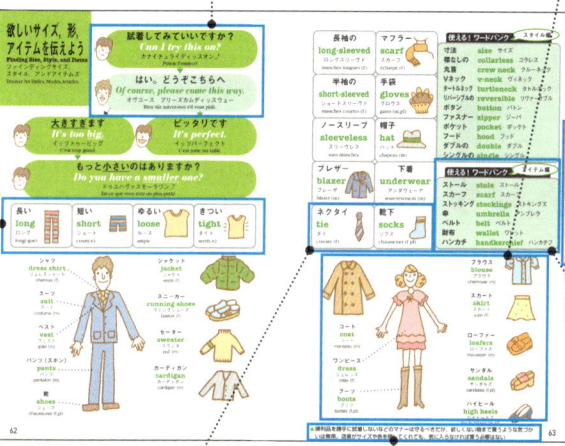

使える！ワードバンク

入れかえ単語以外で、その場面で想定される単語、必要となる単語をひとまとめにしました。ちょっと知っておくと役立つ単語が豊富にあります。

ひとくちコラム

お国柄によって異なる文化、マナーやアドバイスなど役立つ情報を小さくまとめました。ほっとひと息つくときに読んでみるのもおすすめです。お国柄にちなんだイラストが案内してくれます。

はみ出し情報

知っておくと便利な情報などを欄外にまとめました。おもしろネタもいっぱいで必見です。

本書は、海外旅行先
外国の人たちとでき
語は話し言葉を紹介
なるべく原音に近い
ちが日常生活で使っ
が、異文化コミュニケ

はじめよう
歩こう
食べよう
買おう
極めよう
伝えよう
日本の紹介
知っておこう

絵を見て話せる タビトモ会話 目次

はじめよう

イラスト&エッセイ モザイク …… 4

あいさつしよう …… 6
呼びかけよう …… 8
自己紹介しよう …… 10
ボディ・ランゲージで会話しよう …… 12

歩こう

イラスト&エッセイ カナダのバス …… 14

[さあ、歩こう！　べんりマップ]
カナダを巡ろう …… 16
バンクーバーを歩こう …… 18
カナディアン・ロッキーを歩こう …… 20
ケベックを歩こう …… 22
プリンス・エドワード島を歩こう …… 24
乗り物に乗ろう …… 26
別の街へ移動しよう …… 28
レンタカーでドライブしよう …… 30
観光しよう …… 32
ホテルに泊まろう …… 34

食べよう

イラスト&エッセイ プーティン …… 36
係の人を待ちましょう …… 37

レストランに行こう …… 38
[これ、食べよう！　欲張りメニュー]
カナダのグルメ …… 40
西部カナダの料理 …… 42
東部カナダの料理 …… 44
多文化の料理 …… 46
ワイン、ビールほか …… 48
味付けと調理の方法 …… 50
食材を選ぼう …… 52
ファストフードで食べよう …… 54

買おう

イラスト&エッセイ 大荷物のナゾ …… 56

お店を探そう …… 58
好きな色、素材、柄を探そう …… 60
欲しいサイズ、形、アイテムを伝えよう …… 62
カナダ・ブランドを買おう …… 64
スーパーへ行こう …… 66

カナダ

カナダ英語 + 日本語 フランス語

オタワ★

極めよう

イラスト&エッセイ アイスホッケーで盛り上がる ………… 68

スポーツを観戦しよう ………… 70
アウトドア・ライフを楽しもう ………… 72
カナダの動物と植物 ………… 74
音楽を聴こう ………… 76
映画館へ行こう ………… 78
ミュージカルを見よう ………… 80
暦、イベント、祭り ………… 82

伝えよう

イラスト&エッセイ
Eh（エイ） ………… 84
さまざまなカナダ … 85

数字、序数 ………… 86
時間、一日 ………… 88
年、月、日、曜日 ………… 90
家族、友達、性格 ………… 92
趣味、職業 ………… 94
自然、動植物 ………… 96
家、暮らし ………… 98
疑問詞、助動詞、動詞 ………… 100
反意語、感情表現 ………… 102
体、体調 ………… 104
病気、ケガ ………… 106
事故、トラブル ………… 108

column 楽しい旅のために、覚えておきたいチップのあれこれ … 110

日本の紹介

日本の地理 ………… 112
日本の一年 ………… 114
日本の文化 ………… 116
日本の家族 ………… 118
日本の料理 ………… 120
日本の生活 ………… 122

column カナダ人ってどんな人たち？ … 124

知っておこう

カナダまるわかり ………… 126
カナダ英語が上達する文法講座 … 128
カナダにまつわる雑学ガイド … 132
カナダ英語で手紙を書こう ………… 135
50音順カナダ英語単語帳 ………… 136

お役立ち単語
出入国編 ………… 137
電話・通信編 ………… 139
両替編 ………… 141

はじめよう

カナダは世界各地からの移住者がつくった若い国。アメリカと同じような成り立ちだけどここが違うんです。

モザイク

カナダの国土は日本の27倍

でも人口は3分の1

カナダ人ってどういう人たち？

アメリカ人との違いがよくわかんないよね

お答えしましょう

カナダも、アメリカと同じ移住者の国だけど

誰？

カナダの人？

アメリカの移住者は皆「アメリカ人」になろうとするけれど、カナダの移住者はカナダに住む◯◯人であろうとするんだ

あこ　キリコ：世界中を旅するきままな日本人女子。モデルはあなたかもしれません

あいさつしよう

Greetings
グリーティングズ
Salutations

おはよう
Good morning.
グッドモーニング
Bonjour.

こんにちは
Good afternoon.
グッダーフタヌーン
Bonjour.

こんばんは
Good evening.
グッディーヴニング
Bonsoir.

おやすみなさい
Good night.
グッドナイト
Bonne nuit.

さようなら
Good bye.
グッバーイ
Au revoir.

またね〜
Later.
レータ
À bientôt.

また会いましょう
Let's get together again.
レッツゲットゥゲザーアゲン
À la prochaine!

● ていねいなあいさつ

元気です。あなたはいかがですか?
I'm good, and you?
アイムグッド アンドユ⤴
Très bien, merci. Et vous?

ごきげんいかがですか?
How are you?
ハウアーリュ
Comment allez-vous?

元気です。ありがとう
I'm good, thank you.
アイムグッド サンクユ
Très bien, merci.

さようなら
Good bye!
グッバーイ
Au revoir!

さようなら。よい1日を
Good bye, have a nice day.
グッバーイ ハヴァナイスデー
Au revoir! Bonne journée!

絶好調です
I'm great.
アイムグレート
Je suis en pleine forme.

まあまあです
I'm okay.
アイムオケー
Pas mal.

よくないです
Not good.
ノットグッド
Je suis mal.

大丈夫？
Are you okay?
アリュオケー↗
Ça va?

お大事に
Take care.
テークケーア
Meilleure santé!

また後で
See you later.
シユレータ
À bientôt.

お世話になりました
Thanks for your help.
サンクスフォヨアヘルプ
Je vous remercie beaucoup.

よい思い出ができました
I have had a wonderful time.
アイハヴハッドアワンダフルタイム
Nous nous sommes beaucoup amusés!

○○さんによろしく
Please tell Mr./Ms. ○○ I said hello.
プリズテルミスタ・ミズ○○アイセッドヘロ
Mes respects à M./Mme ○○.

ひとくちコラム
カナダ人はアブート（アバウト）？
「カナダ人かアメリカ人か見分けるにはaboutと言わせればよい」という。カナダ人はouの発音に特徴があり、aboutがa bootに聞こえるらしい。でも、ここは雄大なるカナダ。細かな違いは気にせず、おおらかに会話を楽しもう。

●気軽なあいさつ

まあまあかな
I'm okay.
アイムオケー
Pas mal.

じゃあ、また
Later!
レータ
À bientôt!

やあ！ 調子はどう？
Hey! How's it going?
ヘー ハウズイットゴーイング
Salut! Ça va?

じゃあね！ 近いうちに
See you later!
シユレータ
À bientôt!

呼びかけよう
Addressing Others
アジュレッシングアザーズ
Appeler les Autres

あの〜ちょっと （気軽）
Excuse me...
エクスキューズミ
Je m'excuse...

すみません （ていねい）
Excuse me...
エクスキューズミ
Excusez-moi...

写真を撮ってもいいですか？
May I take a picture?
メイアイテークアピクチャ♪
Peut-on prendre des photos ici?

はい、いいですよ
Go ahead.
ゴアヘッド
Bien sûr.

写真を撮ってもらえますか？
Could you take my picture?
クッジューテークマイピクチャ♪
Pouvez-vous me prendre en photo?

いいえ、ダメです
No, sorry.
ノ　ソーリ
Non, désolée.

○○さん （男性）	○○さん （女性）	○○さん （若い未婚女性）
Mr.	**Mrs./Ms.**	**Ms.**
ミスタ	ミセズ	ミズ
Monsieur	Madame	Mademoiselle

他人 （男性）や警官など	他人 （女性）や婦人警官など	○○さん （年上未婚女性）
sir	**ma'am**	**ma'am/ms**
サー	マーム	マーム／ミズ
Monsieur	Madame	Madame

○○先生 （教授）	○○先生 （医者）	警官
Professor ○○	**Doctor** ○○	**Officer**
プロフェッサ○○	ドクタ○○	オフィサ
Professeur ○○	Docteur ○○	monsieur l'agent

ひとくちコラム

カナダは多言語国家

かつてイギリスとフランスの植民地だった歴史の名残から、カナダは英語とフランス語を公用語としている。この2言語は憲法のもと平等に位置づけられ、空港や道路などの公的な場所の案内はすべて英仏2カ国語で表記されている。全体的には英語人口が約6割を占め、残りをフランス語、その他の言語で分け合うかたちだ。フランス語圏は、カナダで唯一現在もフランス語のみを公用語とするケベック州をはじめ、オンタリオ州、ニューブランズウィック州、マニトバ州と、フランス系移住者の多い東部に集まる。英語圏の人々も一応、義務教育でフランス語を勉強するが、それは日本人にとっての英語と同様、6年勉強しても現実に使う目的がなければなかなかマスターできない、というのが現状らしい。ケベックのように8割がフランス語を母語とする地域でも若い世代は流暢に英語を話すため、旅行者はとりあえず英語がわかれば不自由しない。ちなみに、カナダ英語は「イギリス英語とアメリカ英語の中間」と言われる。イギリスからの移住者の子孫が陸続きの隣国アメリカと交流する間に、ハイブリッドな英語となっていったことは想像に難くない。公用語以外では、中国語、イタリア語、ドイツ語を使う住民が多い。近年、移住者人口が増えており、2006年国勢調査によると、人口の20％が英仏以外の言語を母語としている。それでも、国民の98％は英語かフランス語のどちらか、または両方を話すという。

★人込みを通るときなどは必ずexcuse me(excuse us)と声をかけよう。言われたときはsure!の一言でOK。ただし自分が通行を遮っていた場合は、I'm sorryと言うのが礼儀

どうかしましたか？
What's wrong?
ワッツロング
Qu'est-ce qui se passe?

> 🐻 **ひとくちコラム**
> 相手の言葉が聞き取れなかったらもう一度繰り返してほしいときは、pardon?のほかに、excuse me?またはI'm sorry?でもよい。軽く語尾を上げて発音しよう。

ちょっと伺ってよろしいでしょうか？
Can I ask you a question?
カナイアスクユアクエスチョン ↗
Un petit renseignement, s'il vous plaît.

え、何ですか？
Pardon?
パードン ↗
Pardonnez-moi?

もう少しゆっくり話してください
Could you speak slower please?
クッジュスピークスローワプリーズ ↗
Parlez plus lentement, s'il vous plaît.

わかりました
I understand.
アイアンダスタンド
Je comprends.

わかりません
I don't understand./I don't know.
アイドントアンダスタンド/アイドンノー
Je ne comprends pas.

知っています
I know.
アイノー
Je sais.

知りません
I don't know.
アイドンノー
Je ne sais pas.

結構です
No thank you.
ノー サンキュ
Non, merci.

そうです
That's right.
ザッツライト
C'est ça.

違います
That's not right.
ザッツノットライト
Ce n'est pas ça.

失礼します
Sorry...
ソーリ
Excusez-moi..

ごめんなさい
I'm sorry.
アイムソーリ
Pardonnez-moi.

どうかなぁ……
I dunno...
アイダンノ
Je ne sais pas...

どうぞ
Go ahead...
ゴアヘッド
Après vous.

使える！ワードバンク	あいづち編
なるほど	**I see.** アイシー
本当?!	**Really?** リーリ ↗
すごい	**Cool.** クール
それで？	**And then?** アンドゼン ↗
まさか！	**No way!** ノウェイ
同感です	**I feel the same.** アイフィールザセーム
もちろんです	**Of course.** オヴコース

もしもし
Hello?
ヘロ ↗
Allo?

自己紹介しよう

Introductions
インチュロダクションズ
Présentations

はじめまして。私(の名前)はゆうこです
Nice to meet you, my name is Yuko.
ナイストゥミッチュ　マイネームイズユコ
Enchantée, je m'appelle Yuko.

日本から来ました
I'm from Japan.
アイムフロムジャパン
Je viens du Japon.

| 会社員 **employee** エンプロイー employé(-e) (m,f) |  |

学生です
I'm a student.
アイムストゥデント
Je suis étudiante.

| 主婦 **house wife** ハウスワイフ femme au foyer (f) |  |

22歳です
I'm 22.
アイムトゥウェンティトゥ
J'ai 22 ans.

| フリーター **part-timer** パートタイマー temps partiel (m) |  |

カナダに来るのは3回目です
It's my third time in Canada.
イッツマイサードタイムインカナダ
C'est la troisième fois que je viens au Canada.

| 初めて **first time** ファーストタイム première fois |  |

8日間滞在します
I'm here for 8 days.
アイムヒアフォエイッデーズ
8 jours.

| 仕事する **to work** トゥワーク travailler |  |

観光しに来ました
I'm here to sightsee.
アイムヒアトゥサイトシー
Je fais du tourisme.

| 勉強する **to study** トゥスタディ étudier |  |

英語は難しいですね
English is tough.
イングリシュイズタフッ
L'anglais est difficile.

| 買い物する **to shop** トゥショップ faire des achats  | 友達を作る **to make friends** トゥメークフレンズ se faire des nouveaux amis | 簡単な **easy** イージ simple  |

こんにちは。私はジョーです。トロントに住んでいます
Hi, my name's Joe. I live in Toronto.

ハイ マイネームズジョ アイリヴィンチュロンノ
Salut! Je m'appelle Joe. J'habite à Toronto.

どこから来たのですか？
Where are you from?

ウェーアーリュフロム
D'où venez-vous?

あなたの職業は何ですか？
What do you do?

ワッドゥユドゥ
Quelle est votre profession?

何歳ですか？
How old are you?

ハウオルドアーリュ
Quel âge avez-vous?

カナダは初めてですか？
Is this your first time in Canada?

イズディスヨアファーストタイムインカナダ♪
Est-ce que c'est la première fois que vous venez au Canada?

何日滞在しますか？
How long are you staying?

ハウロングアーリュステーイング
Combien de temps comptez-vous séjourner au Canada?

旅の目的は何ですか？
What are you doing in Canada?

ワッターリュドウインギンカナダ
Quel est le but de votre visite?

英語が上手ですね
Your English is very good.

ヨアイングリシュイズヴェリグッド
Vous parlez bien l'anglais.

あなたの電話番号(eメール)を教えてください
Can I get your phone number (email)?

カナイゲットヨアフォーンナンバー（イーメール）♪
Puis-je avoir vos coordonnées ?

🐗 ひとくちコラム
名前以外の呼びかけ

日本では、HoneyやDarlingは夫婦や恋人にしか使わないと思われがちだが、実際は友人同士や親子の間でも交わされる。男女の区別も特にない。基本的に、ある程度年齢の高い女性が好む言葉のようで、それほど親密な間柄でなくても、年下の女性や子供に対して気軽に使っている。同じくSweet heart、Sweetie、Dearという言い方もある。HoneyやDarlingと呼びかけられてもびっくりしないように。

ボディ・ランゲージで会話しよう
Body Language
ボディラングエジ
langage corporel

身振りで伝えてみよう

カナダ人にとっては、ちょっとした身振り手振りも大切なコミュニケーションの手段。ことばが通じなくても表情や動作でお互いを理解できると、旅も楽しくなるもの。少しずつ覚えて楽しくコミュニケーションをとろう。

こんにちは！
Hey!
ヘー！
Salut!

あごを下から上に軽くあげる。日本でうなずくときはあごを上から下にさげるが、その反対の動作をすることで「こんにちは」の意味になる。慣れない動作だが、気軽に使おう

さようなら
Goodbye.
グッバイ
Au revoir.

片手を軽くあげる。手はふらないで、ただ軽くあげるだけでOK

私
I/me
アイ／ミー
Je/moi

自分の胸を、手の平か親指で指す。日本人のように鼻を指さないので注意

わかった
I understand.
アイアンダスタンド
Je comprends.

鼻の横を、人さし指で2回とんとんとたたく。日本人にはない動作なので、最初はとまどったり何のことかわからなかったりするかも知れないが、知っておくととても便利

こっちへ来て
Come here.
カムヒア
Viens ici.

手の平を上に向けて、指を自分のほうに動かす。日本人の場合は手の平を下に向けて、指を自分のほうに動かすが、カナダでは「あっちへ行け」という意味になってしまうので要注意

止めて！
Stop!
ストップ
Arrête!

手の平を外側にしっかり向ける。「止めて」ということをはっきり意思表示するために、腕はしっかり伸ばし、手の平は動かさないように

ごめんなさい
Sorry.
ソーリ
Je m'excuse.

苦笑いのような困った笑いのような顔をしながら謝る。日本人のように、顔の前に手を合わせたり片手で拝んだりするような動作はしないので、要注意

～だといいな
I hope so.
アイホープソ
J'espère que…

人さし指と中指をクロスさせる。アメリカなどでは「幸運を」の意味で使われているが、カナダでは「自分がそうだといいな」という意味で使われるので、違いに注意しよう

| 指で数えてみよう | 日本人と違い、カナダでは親指から順番に数える。6以降も親指から順番に数える。 |

| 1 | 2 | 3 | 4 | 5 | 6 |

知っておきたいカナダのマナー

ボディ・ランゲージでもわかるように、日本とカナダでは違いが多い。その国に行ったら、その国の習慣やマナーを守ってお互いが気持ちよく過ごしたいもの。ここでは、マナーのいくつかを紹介。

握手
shake hands
シェークハンズ
serrer la main

握手をするときには、相手の手をしっかり握り、心をこめてするようにしよう。形だけの握手では相手に気持ちが伝わらない。また、男性、女性のどちらから手を差し出してもOK。平等を重んじる国カナダだからこそ

指さし
point at
ポイントアット
montrer du doigt

日本では、人や物を指すときには、指でさすと失礼にあたるが、カナダでは人でも物でも、人さし指で直接指してもOK。また指さしをしながら手を動かす（wave your finger）と、怒っていることを表す

お先にどうぞ
After you.
アフタユー
Après vous.

欧米などでは「レディ・ファースト」が定着しているが、カナダは平等を重んじる国。「レディ・ファースト」は女性を尊重しているということになり、かえって失礼にあたる。だから、男性が女性よりも優先するのもごく自然のこと。カナダでは「レディ・ファースト」を意識しないで席や場所を譲るようにしよう

キス・ハグ
kiss & hug
キッスアンドハッグ
baiser & étreinte

カナダでは、自分の親しい友人を紹介するとき、その友人と友人を紹介された相手がキスやハグをする。この習慣は特にカナダ東部でよく見られる。親しい友人を紹介されたら、キスやハグをしよう

お勘定をお願いします
Check, please.
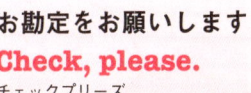
チェックプリーズ
L'addition, s'il vous plaît.

お店で会計を頼むとき、人さし指を立てて上にあげる。このとき、店員と目が合うように注意すること。大声で店員を呼んだり「Check, please!」と言ったりするのは大変失礼にあたる。店員としっかり目を合わせてから、人さし指で合図するように

歩こう

カナダでほっとするのは人びとのおおらかさ。市民の足のバスでも優しさがじっくりと伝わってきます。

カナダのバス

カナダを巡ろう

Travelling Around Canada
チュラヴェリンガラウンドカナダ
Voyager au Canada

あなたが好きな街を教えてください。
What city is your favourite?
ワットシティイズヨアフェーヴレット
Quelle ville est votre favorite?

おすすめの場所はどこですか？
What places do you recommend?
ワットプレイセズドゥユーレコメンド？
Quel quartier est-ce que vous me recommandez?

○○です。
I like ○○.
アイライク○○
J'aime ○○.

カナディアンロッキー
Canadian Rockies
カネイディアンロッキーズ
Rocheuses Canadiennes

アルバータ州のロッキーの山々は標高2130〜3747m。山脈や湖、氷河、山麓の町々、風景やアクティビティが楽しめる。

バンクーバー
Vancouver
ヴァンクーヴァ
Vancouver

日本から1番近い、ブリティッシュ・コロンビア州最大の都市。カナダのゲートシティとして、多数の日本人が訪れる町。

ビクトリア
Victoria
ヴィクトーリア
Victoria

ブリティッシュ・コロンビア州の州都。イギリス風の美しい街は花々に囲まれている。

カルガリー
Calgary
カールガリ
Calgary

カナディアンロッキーの玄関口。東には大平原が広がる。

プリンス・エドワード島
Prince Edward Island
プリンスエドワードアイランド
Île-du-Prince-Édouard

コバルトブルーの海に囲まれ、のどかな田園風景や四季折々の花が、懐かしい気持ちにさせてくれる。

ケベック
Quebec
クウェベク
Québec

カナダ先住民の言葉で「狭い通路」を意味するケベック。カナダでもフランス色が濃い州として知られる。

ドラムヘラー
Drumheller
ジュラムヘラー
Drumheller

世界屈指の恐竜の骨の発掘地。氷河の浸食でできた風景が広がる。

モントリオール
Montreal
モンチュリアール
Montréal

カナダのフランス語圏の中心。ダウンタウンには高層ビルが立ち並び、その下には大きな地下街がある。

グリーンランド（デンマーク）
N
大西洋
ニューファンドランド&ラブラドール州
ケベック州
プリンス・エドワード島州
ノンス・エドワード島
ケベック
トリオール
シャーロットタウン
ハリファックス
ノバ・スコシア州
ニューブランズウィック州
オタワ
トロント
ナイアガラ・フォールズ

トロント
Toronto
チュロンノ
Toronto

カナダ先住民の言葉で「出会いの場所」の意味を持つトロント。その名の通り、さまざまな移住者が住む。

column｜世界遺産

ランス・オ・メドゥ国立歴史公園
L'Anse-aux-Meadows National Park　1978〔文〕
ナハニ国立公園　Nahanni National Park　1978〔自〕
州立恐竜公園　Dinosaur Provincial Park　1979〔自〕
ヘッド・スマッシュト・イン・バッファロー・ジャンプ
Head-smashed-in Buffalo Jump　1981〔文〕
スカン・グアイ　Sgang Gwaay　1981〔文〕
ウッド・バッファロー国立公園
Wood Buffalo National Park　1983〔自〕
カナディアン・ロッキー山脈公園群
Canadian Rocky Mountain Parks　1984〔自〕
ケベック歴史地区　Historical District of Old-Quebec
1985〔文〕
グロス・モーン国立公園　Gros Morne National Park
1987〔自〕
ルーネンバーグ旧市街　Old Town Lunenberg　1995〔文〕
タッチェンシニ-アルセク／クルエーン国立公園／ランゲル-セント・エライアス国立公園と自然保護区、グレイシャー・ベイ国立公園
Kluane/Wrangell-St. Elias/Glacier Bay/Tatshenshini-Alsek
1979/1992/1994〔自〕
ウォータートン・グレイシャー国際平和公園
Waterton Glacier International Peace Park　1995〔自〕
ミグアシャ公園　Miguasha Park　1999〔自〕
リドー運河　Rideau Canal　2007〔文〕

※数字は登録年
〔文〕=文化遺産　〔自〕=自然遺産

バンクーバーを歩こう

Walking around Vancouver
ワーキンガラウンドヴァンクーヴァ
Promener en Vancouver

○○に行きたいのですが
I would like to go to ○○.
アイウッドライクトゥゴトゥ○○
Je voudrais aller à ○○.

○○駅にはどうやって行けばいいですか？
How do I get to ○○ station?
ハウドゥアイゲットゥ○○ステーション
Comment va-t-on à gare de ○○.

ひとくちコラム
バンクーバー
バンクーバーはカナダの太平洋側の玄関口。大きく入り江に包まれた街は西海岸風の自由な雰囲気がある。市内や周辺にみどころも多く、観光客に人気がある。各国からの移住者も多く、本格的な日本料理、中国料理などが楽しめるのもうれしいところ。
ここを起点に、イギリス風の町並みの残る美しい街ビクトリアや雄大な自然が広がるカナディアン・ロッキーへと足を延ばすのが一般的。

ライオンズ・ゲート・ブリッジ
スタンレー・パーク
Stanley Park Dr.
Pipeline Rd.
バンクーバー水族館
トーテムポール・パーク
バラード入江
シー・バス SEA BUS
ジョージア通り
Denman St.
ウォーターフロント駅 WATERFRONT STN.
カナダ・プレイス
ベイエリア
ロブソン通り
ハーバー・センター
ギャスタウン
Davie St.
バンクーバー美術館
Powell St.
Hastings St.
イングリッシュ・ベイ
Beach Ave.
Georgia St.
スカイトレイン カナダ・ライン
スカイトレイン
ダウンタウン
チャイナタウン
海洋博物館
Burrard St.
Howe St.
Seymour St.
Prior St.
バンクーバー博物館
グランビル・アイランド
パシフィックセントラル駅(VIA) PACIFIC CENTRAL STN.
Cornwall Ave.
Terminal Ave.
SKY TRAIN
フォールズ・クリーク
Maple St.
グランビル通り
2nd Ave.
4番通り
トラム TRAM
キツラノ
サウスグランビル
6th Ave.
ブロードウェイ Broadway

○○番のバスに乗ります
Take the number ○○ bus.
テイクザナンバ○○バス
Prenez-vous l'autobus numéro ○○.

ここから歩いて20分位です
It's about a 20 minute walk from here.
イツァバウッタトゥウェンティミニットウォークフロムヒア
C'est environs vingt minutes à pied.

乗る	乗り継ぐ	途中下車する
take	**change**	**stopover**
テイク	チェンジ	ストッポーヴァ
prendre	changer	halte

ロブソン通り
Robson Street
ロブソンスチュリート
Robson Street
ダウンタウンを東西斜めに延びるメインストリート。

ギャスタウン
Gastown
ガスタウン
Gastown
バンクーバー発祥の地。パブを開いたギャッシーの名前が地名の由来。

ベイエリア
Bay Area
ベイエリア
Bay Area
帆船のような外観の複合施設がある。遊歩道からバラード入江の景色が。

チャイナタウン
Chinatown
チャイナタウン
Chinatown
サンフランシスコに次ぐ、世界有数の規模を誇る。

グランビル・アイランド
Granville Island
グランヴィルアイランド
Île Granville
おしゃれなスポットとして地元の人や観光客で賑わう小さな島。

キツラノ
Kitsilano
キツィラノ
Kitsilano
イングリッシュ・ベイをはさんだダウンタウンの対岸のエリア。

使える！ワードバンク　バンクーバー編

ハーバーセンター(ルックアウト)	**Harbour Centre (Look Out)**	ハーバーセンター（ルックアウト）
サウス・グランビル	**South Granville**	サウスグランヴィル
カナダ・プレイス	**Canada Place**	カナダプレイス
バンクーバー美術館	**Vancouver Art Gallery**	ヴァンクーヴァアートガレリ
スタンレーパーク	**Stanley Park**	スタンリパーク
バンクーバー水族館	**Vancouver Aquarium**	ヴァンクーヴァアクエーリアム
トーテムポール・パーク	**Totem Pole Park**	トーテムポルパーク

★カナダはカフェ天国。バンクーバーは、カフェラテやカプチーノのミルクに絵を描くラテアートの激戦区でもある。味はもちろん、ふわふわ漂うハートや木の葉が旅の疲れを癒してくれる

カナディアン・ロッキーを歩こう

The Canadian Rockies
カネイディアンロッキーズ
Les Rocheuses Canadiennes

どこがおすすめですか？
What places do you recommend?
ワットプレーセズドゥユレコメンド
Quelles régions recommandez-vous?

レイク・ルイーズです
Lake Louise is beautiful.
レイクルイーズイズビューティフル
Lac Louise est beau.

シャトー・レイク・ルイーズは美しいホテルです
Chateau Lake Louise is a beautiful hotel.
シャトーレイクルイーズイズアビューティフルホテル
Château Lake Louise est tres beau.

コロンビア大氷原
Columbia Ice Field
コロンビアアイスフィールド
Champ de Glace Columbia

北極圏に次ぎ北半球最大規模の氷原。最大クレバスは約365m。

ウォーターフォール・レイク
Waterfall Lake
ワタフォールレイク
Lac Waterfall

アイスフィールド・パークウェイ沿いにある湖。

クロウフット氷河
Crowfoot Glacier
クローフットグレーシャ
Glacier Crowfoot

カラスの足跡のような氷河。氷の厚さは約50m。

スノーバード氷河
Snowbird Glacier
スノーバードグレーシャ
Glacier Snowbird

マウント・パターソンの裾野に広がる壁岩の氷河。

🐂 ひとくちコラム

カナディアン・ロッキー

カナダ西部のブリティッシュ・コロンビア州とアルバータ州の境に南北に延びる山脈。アメリカ大陸西部に延々と延びるロッキー山脈のカナダ国内部分になる。カナダでも最高の山々が連なり、大陸の分水嶺をなしている。3000mを超す峰が連なる山塊の中に多くの湖や滝、氷河が散在し、美しい風光はカナディアン・ロッキー山脈国立公園群として1984年に世界遺産に登録された。観光の起点となるのは南のバンフと北のジャスパー。この二つの街をアイスフィールド・ハイウェイが結び、この道に沿ってレイク・ルイーズ、ペイト・レイク、スノーバード氷河、コロンビア大氷原などのみどころが散らばっている。いずれの街を出発してレイク・ルイーズなどに滞在してゆったりと自然を味わいたい。ハイキングで自然の中に踏み入ったり、エルクやムース、クマなどの動物たちに出会うのがカナディアン・ロッキーでの楽しみ方だ。

地図:
ジャスパー国立公園
ジャスパー
アイスフィールド・パークウェイ
コロンビア大氷原
ウィーピング・ウォール
ウォーターホール・レイク
スノーバード氷河
ペイト・レイ
グレイシャー国立公園
レイク・ルイーズ
キャッスル・マウンテ

レイク・ルイーズ
Lake Louise
レイクルイーズ
Lac Louise

カナディアン・ロッキーで最も美しく、最も多くの人が訪ねる湖。

ペイト・レイクにはどのようにして行けばよいですか？
How do I get to Peyto Lake?
ハウドゥアイゲットゥペイトレイク
Comment peut-on aller à lac Peyto?

ウィーピング・ウォール
Weeping Wall
ウィーピングウォール
Weeping Wall
垂直に切り立った岩壁。雪解け時には無数の滝が流れ落ちる。

サスカチュワン・クロッシング
Saskatchewan Crossing
サスカチュワンクローシング
Saskatchewan Crossing
バンフとジャスパーのちょうど中間地点にある交差点。

キャッスル・マウンテン
Castle Mountain
カースルマウンテン
Mont Castle
バンフとレイク・ルイーズのほぼ中間の、城のようにそびえる山。

サスカチュワン・クロッシング

ボウ・レイク
クロウフット氷河

バンフ

ペイト・レイク
Peyto Lake
ペイトレイク
Lac Peyto
湖面の色が春は新緑、夏は深いブルー、秋はトルコブルーに変化。

ボウ・レイク
Bow Lake
ボーレイク
Lac Bow
氷河の雪解け水が、堆積物でせき止められてできた氷河湖。

ジャスパー
Jasper
ジャスパ
Jasper
ロッキーの北の玄関口。落ち着いた小さな町で、周囲の風光を楽しみたい。

バンフ
Banff
バンフ
Banff
カナディアン・ロッキーの南の玄関口。バンフ大通りは散策によい。

使える！ワードバンク　登山編

頂上	summit	サミット	谷川	mountain stream	マウンテンスチュリーム
稜線	ridge line	リッジライン	丸木橋	wooden bridge	ウーデンブリッジ
鞍部	saddle	サドル	道標	signpost	サインポスト
登山道	mountain trail	マウンテンチュレイル	高山植物	alpine plants	アルパインプランーツ
岩場	scrag	スクラーグ	パークレンジャー	park ranger	パークレーンジャ
峠	mountain pass	マウンテンパッス	霧	fog	フォッグ

ケベックを歩こう

La Ville de Québec
ラヴィールドゥケベック
Walking Around Quebec City

ここでは何が有名ですか？
Quelles sont les choses de renom dans ce quartier?
ケールソンレーショズドゥレノムダンスッカルティエ
What's famous in this area?

ここから遠いですか？
Est-ce que c'est loin?
エスクセーロアン
Is it far from here?

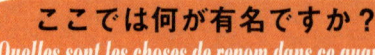

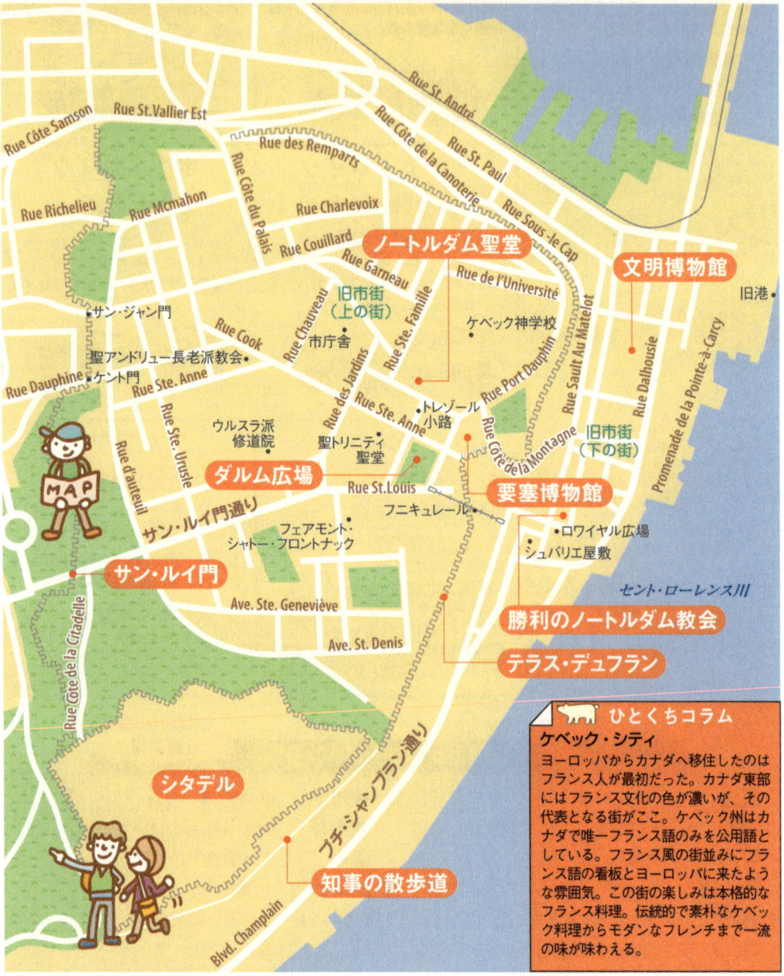

Rue St.André
Rue Côte Samson
Rue St.Vallier Est
Rue des Remparts
Rue Côte de la Canoterie
Rue St. Paul
Rue Sous-le Cap
Rue Côte du Palais
Rue Richelieu
Rue Mcmahon
Rue Charlevoix
Rue Couillard
ノートルダム聖堂
Rue Garneau
Rue de l'Université
文明博物館
旧港
旧市街
（上の街）
サン・ジャン門
ケベック神学校
Rue Chauveau
Rue Ste. Famille
Rue Sault Au Matelot
Rue Cook
市庁舎
聖アンドリュー長老派教会
Rue Dauphine
ケント門
Rue Ste. Anne
Rue Port Dauphin
Rue Dalhousie
Promenade de la Pointe-à-Carcy
Rue des Jardins
Rue Ste. Anne
トレゾール小路
ウルスラ派修道院
聖トリニティ聖堂
Rue Côte de la Montagne
旧市街
（下の街）
Rue Ste. Ursule
Rue d'auteuil
MAP
ダルム広場
Rue St.Louis
要塞博物館
サン・ルイ門通り
フニキュレール
フェアモント・シャトー・フロントナック
ロワイヤル広場
シュバリエ屋敷
サン・ルイ門
セント・ローレンス川
Rue Côte de la Citadelle
Ave. Ste. Geneviève
勝利のノートルダム教会
Ave. St. Denis
テラス・デュフラン
シタデル
プチ・シャンプラン通り
知事の散歩道
Blvd. Champlain

ひとくちコラム
ケベック・シティ
ヨーロッパからカナダへ移住したのはフランス人が最初だった。カナダ東部にはフランス文化の色が濃いが、その代表となる街がここ。ケベック州はカナダで唯一フランス語のみを公用語としている。フランス風の街並みにフランス語の看板とヨーロッパに来たような雰囲気。この街の楽しみは本格的なフランス料理。伝統的で素朴なケベック料理からモダンなフレンチまで一流の味が味わえる。

★ケベックではフランス語が主流なのでここではフランス語を第一に記している

新市街 **Haute-Ville** オッテヴィール Downtown 城壁の外、西側のエリアは現代的なダウンタウンになっている。 	**旧市街（上の街）** **Vieux-Québec** (m) ヴィウケベック Upper Town 城壁に囲まれたエリアと城壁の東側。ケベックの観光エリア。 	**旧市街（下の街）** **Vieux-Québec** (m) ヴィウケベック Lower Town 城壁の外、崖下にあるセント・ローレンス川沿いの地域。 
ダルム広場 **Place d'Armes** (f) プラッスダルムズ Place d'Armes	**ノートルダム聖堂** **Basilique Notre-Dame** (f) バシリックノートルダム Notre-Dame Basilica	**勝利のノートルダム教会** **Notre-Dame-des-Victoires** (f) ノートルダムデイヴィクトワール Notre-Dame-des-Victoires Church
プチ・シャンプラン通り **Quartier Petit Champlain** (m) カルティエプティシャムプレーン Petit Champlain Street	**テラス・デュフラン** **Terrasse Dufferin** (f) テラスデュフラン Terrasse Dufferin	**知事の散歩道** **Promenade des Gouverneurs** (f) プロメナッデイグヴェヌール The Governors Promenade
シタデル **Citadelle** (f) シタデル The Citadelle	**文明博物館** **Musée de la civilisation** (m) ムゼードゥラシヴィリザシオン Museum of Civilization	**ケベック美術館** **Musée national des beaux-arts du Québec** (m) ムゼーナシオナールデボーザードゥケベック Quebec Art Museum
戦場公園 **Parc des Champs-de-Bataille** (m) パークデシャムドゥバタイー Battlefields Park	**シュバリエ屋敷** **Maison Chevalier** (f) メーゾンシェヴァリエー Chevalier House	**トレゾール小路** **Auberge du trésor** (f) オベールジュデュトレゾール Auberge du trésor Inn
ケベック州議事堂 **Assemblée nationale du Québec** (f) アソンブレナシオナールデュケベック National Assembly of Quebec	**ケーブルカー** **téléphérique** (m) テレフェリック cable car	**フニキュレール** **funiculaire** (m) フニキュレール funicular
モンモランシー滝 **Chute Montmorency** (f) シュートモンモランシー Montmorency Falls 北米一といわれる、豪快な勢いで流れ落ちる滝。 	**サンタンヌ・ド・ボープレ大聖堂** **Sanctuaire de Sainte-Anne-de-Beaupré** (m) サンクトゥエールドゥサンターンドゥボプレ Sainte-Anne-de-Beaupré Shrine 聖母マリアの母、聖アンヌに捧げられた聖堂。 	**オルレアン島** **Île d'Orléans** (f) イールドルレアン Orleans Island 今もフランス統治時代の建物が残り、島民の多くは農業や牧場を営む。 

プリンス・エドワード島を歩こう
Visiting P.E.I.
ヴィジティングピイアイ
Visiter l'Île-du-Prince-Édouard

シャーロット・タウンには何がありますか？
What is there to see in Charlottetown?
ワットイゼアトゥシーインシャレッタウン
Qu'y a-t-il à voir à Charlottetown?

キャベンディッシュのみどころはどこですか？
What are the interesting places in Cavendish?
ワッターザインタレスティングプレーセズインカヴェンディッシュ?
Quelles sont les curiosités de Cavendish?

グラフトン通り
Grafton Street
グラフトンスチュリート
Grafton Street

リッチモンド通り
Richmond Street
リッチュモンドスチュリート
Richmond Street

プロビンス・ハウス
Province House
プローヴィンスハウス
Province House

ビクトリア・ロウ
Victoria Row
ヴィクトリアロー
Victoria Row

連邦生誕記念公園
Confederation Landing Park
コンフェデレーションランディングパーク
Confederation Landing Park

コンフェデレーションセンター・オブ・ジ・アーツ
Confederation Centre of the Arts
コンフェデレーションセンターオブジアーツ
Centre des Arts de la Confédération (m)

キャベンディッシュ教会
Cavendish Church
カヴェンディッシュチャーチ
Église Cavendish

サマーサイド
Summerside
サマサイド
Summerside

★カナダでは、P.E.I.（ピーイーアイ）という略称が一般的。「プリンス・エドワード・アイランド」と呼ぶ人は滅多にいない

プロヴィンス・ハウスがあります
There's Province House.
ゼアーズプローヴィンスハウス
Il y a Province House.

グリーンゲイブルズ博物館です
This is the Anne of Green Gables Museum.
ディスイッザアンオブグリーンゲーブルズミュジーアム
Musée d'Anne de Green Gables.

グリーンゲイブルズ・ハウス
Green Gables House
グリーンゲーブルズハウス
maison Green Gables (f)

モンゴメリーの住居跡
Montgomery House Ruins
モンゴメリーハウスルインズ
Ruines de la maison Montgomery (f)

ピークスワーフ
Peaks Wharf
ピークスウォーフ
Peaks Wharf

恋人の小径
Lovers Lane
ラヴァーズレーン
Lovers Lane

おばけの森
ghost forest
ゴーストフォーレスト
fôret des fantômes (f)

グリーンゲイブルズ博物館
Anne of Green Gables Museum
アンオヴグリーンゲーブルズミュジアム
Musée d'Anne de Green Gables (m)

輝く湖水
lake of shining waters
レークオヴシャイニングウォータズ
lac de l'eau brillant (m)

グリーンゲイブルズ郵便局
Green Gables Post Office
グリーンゲーブルズポストオフィス
bureau de poste Green Gables (m)

(地図)
セント・ローレンス湾
ノース・レイク North Lake
プリンス・エドワード島国立公園 Prince Edward Island National Park
セント・ピーターズ St. Peters
シャーロット・タウン空港
ジョージタウン Georgetown
オーウェルコーナー歴史村
ウッド・アイランズ Wood Islands
キャヴェンディッシュ Cavendish

🐄 ひとくちコラム
アンゆかりのイベント

「赤毛のアン」のファンなら、ぜひとも5～10月の観光シーズンに訪ねてほしい。物語の舞台となった場所を巡る1日観光ツアー、アンの人形を作るクラフト教室など、日本語ガイドつきの企画が毎日のように実施されている。1965年の初演以来ロングランを続けるミュージカル、Anne of Green Gablesは、6月下旬から9月下旬までシャーロットタウンで上演され、ファンを楽しませている。

使える！ワードバンク P.E.I. 編

モンゴメリーの墓　**Montgomery Grave**　モンゴメリーグリーヴ
モンゴメリーの生家
Montgomery Birthplace　モンゴメリーバースプレース
キャベンディッシュ・フィギュリーン
Cavendish Figurines　カヴェンディッシュフィギュリーンズ
ロシニョール・エステート・ワイナリー
Rossignol Estate Winery　ロシニョールエステートワイナリー

乗り物に乗ろう

Travelling by Vehicle
チュラヴェリングバイヴィークル
Voyager en Véhicules

タクシーはどこで拾えますか？
Where can I get a taxi?
ウェアカナイゲッタタクシ
Où peut-on prendre un taxi?

タクシーを呼んでください
Please call a taxi for me.
プリーズコーラタクシフォミ
Appelez-moi un taxi, s'il vous plaît.

○○まで行けますか？
Can you take me to ○○?
カニューテークミトゥ○○♪
Pouvez-vous me prendre à ○○?

○○まで行ってください
Please take me to ○○.
プリーズテークミートゥ○○
Je voudrais aller à ○○.

はい、行けます
Yes.
イエス
Oui.

少し遠いですが、いいですか？
It's a little far. Is that OK?
イッツァリトルファーイッザットーケイ♪
C'est un petit peu loin. D'accord?

はい、行ってください
No problem, take me there, please.
ノプロブレムテークミゼアプリーズ
Bien. Allez-y.

やめます
No, thanks.
ノサンクス
Non, merci.

ここで止めてください
Please stop here.
プリーズストップヒア
Arrêtez-vous ici, s'il vous plaît.

急いでいます
I'm in a hurry.
アイミンナハーリ
Je suis pressé.

大型タクシー
large taxi
ラージタクシ
taxi grand (m)

中型タクシー
midsized taxi
ミッドサイズドタクシ
taxi moyen (m)

乗り合いタクシー
airport limousine
エアポートリモセィン
limousine de l'aéroport (f)

使える！ワードバンク タクシー編

空車	taxi available	タクシアヴェーラブル
メーター	meter	ミター
おつり	change	チェーンジュ
領収証	receipt	レシート
近道	shortcut	ショートカット
遠回り	detour	ディートゥア
割増料金	surcharge	サーチャージ
深夜料金	night fare	ナイトフェア
一方通行	one-way street	ワンウェイスチュリート
タクシー乗場	taxi stand	タクシスタンド

○○行きを△枚ください
△tickets to ○○, please.
△ティケッツトゥ○○プリーズ
△ billets à ○○, s'il vous plaît.

電車	地下鉄	バス
train  チュレーン train (m)	**subway** サブウェー métro (m)	**bus**  バス autobus (m)
切符	片道の	往復の
ticket ティケット billet (m)	**single** シングル aller simple (m)	**return** リターン retour (m)
1日券	カード	回数券
one-day ticket ワンデーティケット billet du jour (m)	**card**  カード carte (f)	**ticket book** ティケットブック carnet de tickets (m)

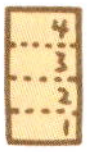

○○行きはどのホームですか？
Which platform is the train for ○○?
ウィッチプラットフォームイズザチュレーンフォア○○
De quel quai part le train à ○○?

運転手
driver
ジュライヴァ
chauffeur (m)

○○行きのバス停はどこですか？
Which bus stop are the buses for ○○?
ウィッチバスストップアーザバセズフォア○○
Où est l'arrêt du bus pour ○○?

優先席
priority seating
プライオレティシーティング
places prioritées (f)

到着したら教えてください
Please tell me when we arrive.
プリーズテルミウェンウィアラーイヴ
Pouvez-vous me prévenir quand nous arriverons?

終点
last stop
ラストストップ
terminus (m)

使える！ワードバンク 〈乗り物編〉

○○行き	**for ...** フォア○○		経由	**via** ヴィア
普通列車	**local train** ローカルチュレーン		乗換え	**transfer** チュランスファ
特急列車	**express train** エクスプレスチュレーン		前方の席	**front seat** フロントシート
改札口	**ticket gate** ティケットゲート		後方の席	**back seat** バックシート
乗る（降りる）	**get on (get off)** ゲットオン（ゲットオフ）		直行	**non-stop** ノンストップ
			行き先	**destination** デステネーション
料金精算	**fare adjustment** フェアアッジャストメント		車掌	**conductor** コンダクタ

はじめよう ／ 歩こう ／ 食べよう ／ 買おう ／ 極めよう ／ 伝えよう ／ 日本の紹介

別の街へ移動しよう
Travelling Between Cities
チュラヴェリングビトゥウィンシティーズ
Voyager entre les Villes

チェックインをお願いします
I'd like to check in.
アイドライクトゥチェックイン
Je voudrais faire le check-in.

パスポートと航空券を拝見します
May I see your passport and plane ticket, please?
メイアイシーヨアパスポートアンドプレーンティケットプリーズ♪
Puis-je voir votre passeport et billet s'il vous plaît?

お預かり荷物はありますか？
Do you have any luggage to check in?
ドゥユーハヴエニーラーゲジトゥチェックイン♪
Est-ce que vous avez de bagages à enregistrer?

はい / *Yes.* / イエス / Oui.

席は通路側（窓側）でお願いします
I would like an aisle seat (window seat).
アイウッドライクアナイルシート（ウィンドウシート）
Je voudrais être du couloir (du côté de la fenêtre).

いいえ / *No.* / ノ / Non.

セキュリティチェック / **security check** / セキュレティチェック / contrôle de sécurité (m)

両替所 / **currency exchange** / カレンシエクスチェーンジュ / bureau d'échange (m)

国内線 / **domestic** / ドメスティック / intérieure (m)

待合室 / **airport lounge** / エアポートラウンジ / salle d'attente (f)

乗り換え / **transfer** / チュランスファ / changement (m)

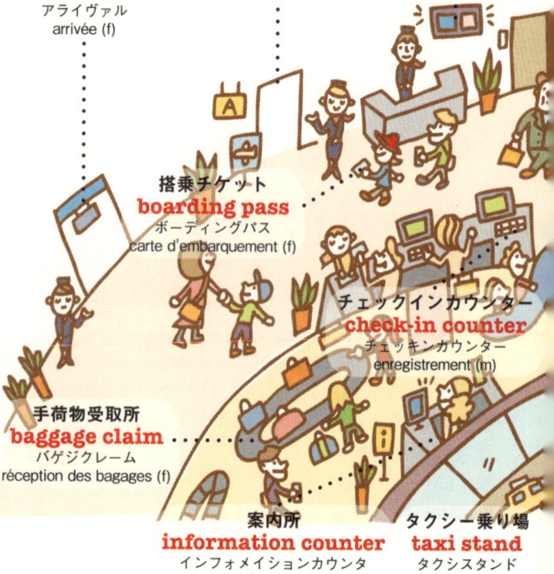

到着 **arrival** アライヴァル arrivée (f)

出発 **departure** デパーチャ départ (m)

国際線 **international** インタナショナル international (m)

搭乗チケット **boarding pass** ボーディングパス carte d'embarquement (f)

チェックインカウンター **check-in counter** チェッキンカウンター enregistrement (m)

手荷物受取所 **baggage claim** バゲジクレーム réception des bagages (f)

案内所 **information counter** インフォメイションカウンタ bureau d'information (m)

タクシー乗り場 **taxi stand** タクシスタンド station de taxis (f)

★リコンファーム（予約の再確認）が必要かどうかは航空会社によるので、事前に確認すること。エア・カナダは原則的に不要としている

ひとくちコラム

長距離鉄道は観光気分で
カナダの大陸を列車で横断するには最低1週間かかる。速さでは飛行機におよばず、運賃の安さは長距離バスにかなわない。運行本数も少ない。つまり、カナダの鉄道は移動手段と言うより、それ自体がアトラクションなのだ。トイレ・洗面台完備の個室寝台、朝食・昼食・夕食ごとにメニューが替わる食堂車、そしてパノラマ車窓を堪能できる展望室・サロンなどを備えた車両は、言うなれば"走るホテル"。鉄道ファンは言うにおよばず、ゆっくりと移り変わる風景に大陸の息吹を感じ、開拓の歴史に思いをはせる――そんなロマンティックな時間を楽しむ余裕のある人には、きっと最高の体験となるだろう。

使える！ワードバンク 〈鉄道編〉

カナダ国有鉄道	Canadian National Railway	カネイディアンナショナルレールウェイ
カナダ太平洋鉄道	Canadian Pacific Railway	カネイディアンパシフィックレールウェイ
1等車	1st Class	ファーストクラス
2等車	2nd Class	セコンドクラス
寝台車	sleeper car	スリパカー
割引システム	discount system	ディスカウントシステム

カナダVIA鉄道路線図
- カナディアン号
- コリドー号（東部近距離特急）
- オーシャン号
- ハドソン・ベイ号
- スキーナ号
- マラハット号
- シャルーレ号

搭乗ゲート
departure gate
デパーチャゲート
porte de départ (f)

ひとくちコラム

経済的で小回りのきく長距離バス
長距離バスは町の中にあるターミナル（バスディーポ）から発着し、事前予約なしに乗るので、比較的近距離の移動に便利だ。頻繁に利用するなら、期間中乗り放題のバスを日本で購入していくと割安になる。リクライニングシートでくつろげるが、夏は冷房がきついので上着を忘れずに。

バス路線図

乗り合いタクシー
airport limousine
エアポートリモシィン
limousine de l'aéroport (f)

使える！ワードバンク 〈バス編〉

周遊券	excursion ticket	エクスカージョンティケット
有効期間	period of validity	ピリオドオヴヴァリディティ
引換券	claim receipt	クレームレシート
タグ	tag	タグ
リクライニング	reclining	リクライニング
車椅子乗車可能	wheelchair accessible	ウィールチェアアクセッサブル
休憩	rest	レスト

★大陸横断鉄道の人気路線は、バンクーバー・トロント間を3泊4日で力走する「カナディアン号」と、バンクーバーとロッキーを1泊2日（夜はホテル泊）で結ぶ「ロッキー・マウンテニア号」

レンタカーでドライブしよう

Renting a Car
レンティンガカー
Louer des Voitures

○人で使えるおすすめの車はどれですか？
Which car do you recommend for ○ people?

ウィッチュカードゥユーレコメンド
フォア○ピーポル

Quelle voiture me conseillez vous?

小型車
compact car
コンパクトカー
voiture compacte (f)

中型車
midsized car
ミッドサイズドカー
voiture moyenne (f)

大型車
large car
ラージュカー
voiture grande (f)

1日の料金はいくらですか？
How much is it per day?

ハウマッチズイットパーデー
Quel est le tarif journalier?

国際運転免許証
international driving license
インタナショナルジュライヴィングライセンス
permis de conduire international (m)

その料金に保険は含まれますか？
Does that price include insurance?

ダズザットプライスインクルードインシュランス↗
Est-ce que l'assurance est comprise?

延滞料金
late fee
レートフィー
frais tardif (m)

何時までに車を返せばよいですか？
What time should I return the car?

ワッタイムシュッダイリターンザカー
À quelle heure dois-je rendre la voiture?

距離無制限
unlimited mileage
アンリミテドマイレジュ
kilométrage illimité (m)

○○で乗り捨てできますか？
Can I drop off the car at ○○?

カナイジュロップオフザカーアット○○↗
Puis-je rendre la voiture à ○○?

乗り捨て
drop off
ジュロッポフ
livraison (f)

使える！ワードバンク 保険編

保証金	**insurance fee**	インシュランスフィー
自動車損害賠償保険	**mandatory liability insurance**	
	マンダトリライアビリティインシュランス	
追加自動車損害賠償保険		
supplementary liability insurance		
サプレメンタリライアビリティインシュランス		
緊急医療保険	**medical insurance**	
	メディカルインシュランス	

ひとくちコラム
ガソリンスタンドの使い方

レンタカーはガソリンを満タンにして返すのが原則だ。足りないと精算時にガソリン代を加算されるが、自分で給油するより割高になったり、場合によってはペナルティを請求されることもあるので要注意。契約するときにそのへんをよく確認し、できれば最寄りのガソリンスタンドの場所を確かめてから出発しよう。ガソリンスタンドには、フルサービスとセルフサービスがあるが、給油だけならセルフで十分。チップの心配もいらない。キャッシャーでお金を前払いし、自分で給油してから、再びキャッシャーへ行き精算する。ガソリンスタンドによっては、後払い方式や、給油機にクレジットカードを挿入して直接支払える形式のところもある。

★レンタカーは車を借り出すときにcheck out、返すときにcheck inと言う。ホテルの場合とチェックイン・チェックアウトの順番が逆になるので、混乱しないように

ガソリンの入れ方を教えてください
How do I fill up the gas?
ハウドゥアイフィラップザガース
Comment se sert-on de la pompe?

一時停止
stop
ストップ
arrêt

優先道路あり
right-of-way
ライトオヴウェー
cédez le passage

時速40キロに減速
reduce speed to 40km/h
リドゥススピードトゥフォーティキロメタズアンアワ
réduire la vitesse à 40 km/h

進入禁止
no entry
ノエンチュリ
accès interdit

通行禁止
no entry
ノエンチュリ
accès interdit

動物飛び出し注意
Attention! Animals!
アテンションアニマルズ
Attention! Animaux!

駐車禁止
no parking
ノパーキング
stationnement interdit

30分駐車
30 minutes parking only
サーティミニッツパーキングオンリ
stationnement seulement 30 minutes

くぼみ注意
beware of potholes
ビュエアオヴポットホールズ
attention à la cavité

踏切注意
train crossing
チュレーンクロシング
attention au passage à niveau

遠回り
detour
ディートゥア
détour

工事中
under construction
アンダコンスチュラックション
en construction

使える！ワードバンク　レンタカー編

ガソリン	**gas**	ガース
無鉛	**unleaded**	アンレッデド
有鉛	**leaded**	レッデド
レギュラー	**regular**	レギュラー
ハイオク	**high-octane gas**	ハイオクテーンガース
満タン	**fill up**	フィルアップ
パンク	**puncture**	パンクチャー
ガス欠	**low on gas**	ローオンガス

ひとくちコラム
紅葉ドライブのすすめ
ドライブのよさは、人が決めた時間にしばられず自由に寄り道できること。絶景ポイントで好きなだけ停車できるし、ガイドブックに載っていない世界を偶然見つける楽しみもある。たとえば秋のメープル街道は、車の利点が実感できる観光地の1つだ。モントリオール、トロント、オタワ、ケベックシティといった主要都市から2、3時間で行ける紅葉スポットが豊富にあるので、運転に自信のある人はレンタカーを大いに利用したい。意外と知られていないが、メープル街道の出発点であるナイアガラも紅葉の名所だ。ナイアガラフォールズから車で20分のフォントヒルに足を延ばすと、カナダで一番古いメープルの木（推定樹齢500年）が見られる。

★シートベルトは前、後ろとも全員着用すること。また、昼間でもライトの点灯が義務づけられている

観光しよう
Sightseeing
サイトシーイング
Tourisme

入場料はいくらですか？
How much is it to get in?
ハウマッチズイットゥゲットイン
Combien coûte le billet d'entrée?

○○です
It's ○○.
イッツ○○
C'est ○○.

無料です
It's free.
イッツフリー
C'est gratuit.

○○割引はありますか？
Are there ○○ discounts?
アーゼア○○ディスカウンツ
Y a-t-il des réductions pour ○○?

大人2枚お願いします
Two adult tickets please.
トゥーアダルトティケッツプリーズ
Deux billets adulte, s'il vous plaît.

シニア	学生	子供	団体
senior	**student**	**child**	**group**
シニア	ストゥーデント	チャイルド	グループ
aîné (m)	étudiant (m)	enfant (m,f)	groupe (m)

出口
exit
エグジット
sortie (f)

パンフレット
pamphlet
パンフレット
brochure (f)

カフェ
cafe
カフェ
café (m)

館内ツアー客
tour member
トゥアメンバー
membre de tour (m)

企画展示
special exhibit
スペシアルエグジビト
exposition spéciale (f)

撮影禁止
no photography
ノーフォトグラフィー
photographie interdit (f)

フラッシュ禁止
no flash photography
ノーフラーシュフォトグラフィー
photographie avec flash interdit (f)

オーディオガイド
audio guide
オディオガイド
guide audio (m)

博物館にはどうやって行けばいいですか？
How do I get to the museum?
ハウドゥアイゲットゥザミュージーアム
Comment peut-on aller au musée?

最初の角を右に曲がって坂を上ったところです
Take your first right and go up the hill.
テイクヨアファストライッタンドゴアップザヒル
Tournez à droite au premier coin, et montez la pente.

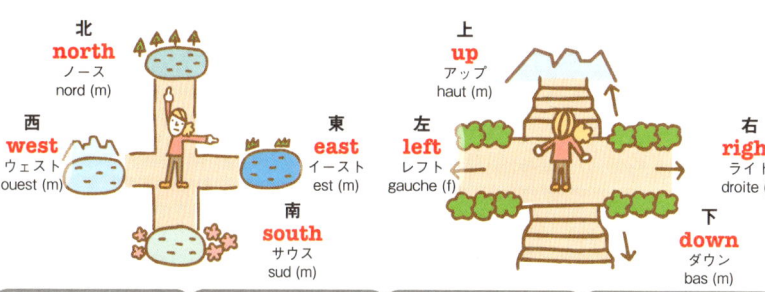

| 北 north ノース nord (m) | 西 west ウェスト ouest (m) | 東 east イースト est (m) | 南 south サウス sud (m) | 上 up アップ haut (m) | 左 left レフト gauche (f) | 右 right ライト droite (f) | 下 down ダウン bas (m) |

最初の	次の	つきあたり	最後の
first ファースト premier	**next** ネクスト prochaine	**at the end...** アットザエンド fond	**last** ラスト dernier

直進	曲がる	前	後
straight ahead スチュレータヘッド droit	**turn** ターン tourner	**in front of** インフロントオヴ devant	**behind** ビハインド derrière

斜め前	斜め後	角
diagonally ダイヤゴナリ en diagonale	**diagonally** ダイヤゴナリ en diagonale	**corner** コーナー coin (m)

使える！ワードバンク 町歩き編

観光案内所	**tourist information office** トゥーリストインフォメーションオフィス
バスターミナル	**bus terminal** バスタミナル
鉄道駅	**train station** チュレーンステーション
地下鉄	**subway** サッブウェー
郵便局	**post office** ポストオフィス
銀行	**bank** バンク
市場	**market** マーケト
公園	**park** パーク
展望台	**observation deck** オブザヴェーションデック
病院	**hospital** ホスピタル
水族館	**aquarium** アクウェーリアム
動物園	**zoo** ズー
インターネットカフェ	**internet café** インタネットカフェー

★Admission is by donationと表示されていたら、「入場料は寄付制」つまり、任意の金額でよいということ。募金箱が置いてあるので、さすがにタダで入るのは気が引ける

ホテルに泊まろう

Staying at Hotels
ステーイングアットホテルズ
Séjour aux Hôtels

こんにちは。チェックインをお願いします。
Hello. I'd like to check in.
ヘローアイドライクトゥチェックイン
Je voudrais faire le check-in.

はい、承っております
Yes, I am being served.
イェスアイムビイングサーヴド
Oui, je suis servi.

予約リストにございませんが
I'm sorry, your name isn't on the reservation list.
アイムソーリ ヨアネームイズントオンザレザヴェーションリスト
Je m'excuse mais je ne trouve pas votre réservation.

日本語の話せる人はいますか？
Is there anyone who speaks Japanese here?
イッゼアエニワンフスピークスジャパニーズヒア
Est-ce qu'il y a quelqu'un qui parle japonais?

● ロビーまわり

エレベーター
elevator
エレベータ
ascenseur (m)

ドアマン
doorman
ドアマン
portier (m)

ルームキー
room key
ルームキー
clé de chambre (f)

レセプション
reception
リセプション
réception (f)

会計
cash register
カーシュレジスター
caisse (f)

ベルボーイ
bellboy
ベールボイ
chasseur (m)

ロビー
lobby
ロビー
hall (m)

コンシェルジュ
concierge
コンシエールジュ
concierge (m,f)

ポーター
porter
ポーター
porteur (m,f)

415号室の田中ですが…
This is Tanaka from room 415.
ディスイズタナカフロムルームフォアフィフティーン
Je suis Tanaka de chambre 415.

非常口
emergency exit
イマージェンシエグジット
sortie de secours (f)

ランドリーサービスをお願いします
I would like to use the laundry service.
アイウッドライクトゥユーズザランドリサービス
Je voudrais faire laver mes vêtements.

ルームサービス
room service
ルームサービス
service dans la chambre (m)

テレビの使い方を教えてください
How do I use the TV?
ハウドゥアイユズザティヴィ？
Comment est-ce qu'on utilise la télé?

セーフティボックス
safe
セーフ
Coffre-fort (m)

エアコンの具合がよくないのですが
There's something wrong with the air conditioner.
ゼーアズソムシングローングウィッスザエアーコンディショナー
La climatisation ne marche pas.

シャワー
shower
シャワ
douche (f)

● 部屋

部屋の中に鍵を忘れてしまったのですが
I'm afraid I left my key inside the room.
アイマフレーダイレフトマイキインサイドザルーム
J'ai laissé ma clé dans la chambre.

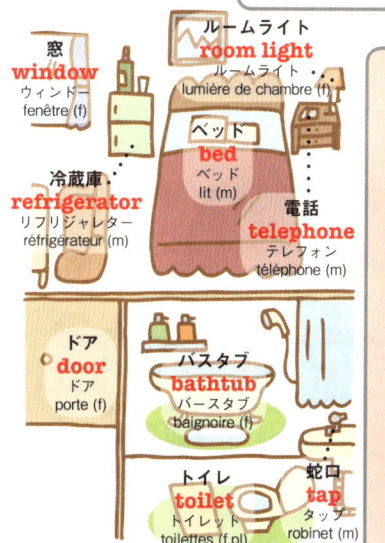

窓 **window** ウィンドー fenêtre (f)
ルームライト **room light** ルームライト lumière de chambre (f)
ベッド **bed** ベッド lit (m)
冷蔵庫 **refrigerator** リフリジャレター réfrigérateur (m)
電話 **telephone** テレフォン téléphone (m)
ドア **door** ドア porte (f)
バスタブ **bathtub** バースタブ baignoire (f)
トイレ **toilet** トイレット toilettes (f,pl)
蛇口 **tap** タップ robinet (m)

使える！ワードバンク ホテル編

支配人	manager	マーネジャ
メイド	maid	メード
階段	staircase	ステーケース
地下	basement	ベースメント
1階	first floor	ファーストフロア
中2階	mezzanine	メザニン
2階	second floor	セコンドフロア
モーニングコール	wake-up call	ウェークアップコール
館内電話	internal telephone	インタナルテレフォン
インターネット接続	internet connection	インタネットコネクション
コンセント	outlet	アウトレット
毛布	blanket	ブランケット
シーツ	sheets	シーツ
ドライヤー	hair dryer	ヘーアドライヤ
追加ベッド	extra bed	エクスチュラベッド

食べよう

これぞカナダの国民食。これなしではカナダ人ではありません。カナダでは人は皆平等です。こんなことに注意して。

プーティン

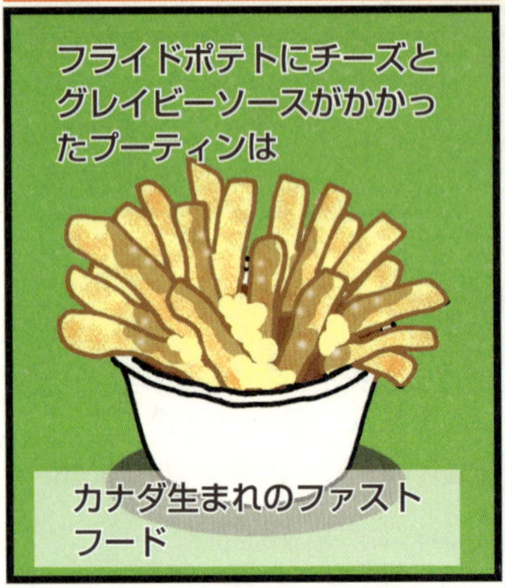

フライドポテトにチーズとグレイビーソースがかかったプーティンは

カナダ生まれのファストフード

カナダ人の大好物ですが、カナダ以外では、あまり食べられません

カロリー高そう

そーなのよ

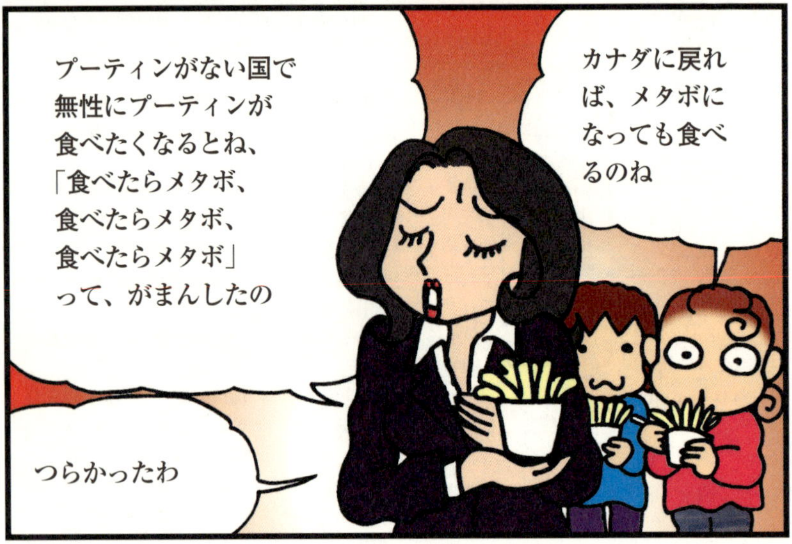

プーティンがない国で無性にプーティンが食べたくなるとね、「食べたらメタボ、食べたらメタボ、食べたらメタボ」って、がまんしたの

カナダに戻れば、メタボになっても食べるのね

つらかったわ

係の人を待ちましょう

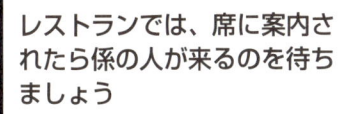

レストランでは、席に案内されたら係の人が来るのを待ちましょう

決めた

私も

すいませーん

すいませーん

スタッフは来てくれない上に、だんだん不機嫌になって行く気配…

？

？

召し使いじゃないんだから

「お客様は神様」ではないということを覚えていた方がいいかも

レストランに行こう

Restaurants
レステラント
Restaurants

2人ですが、空いていますか?
Do you have a table for two?
ドュユハヴアテブルフォアトゥ↗
Avez-vous de la place pour deux?

はい
Yes.
イエス
Oui.

いいえ
Sorry, no.
ソーリノー
Non, desolée.

予約した○○です
I have a reservation for ○○.
アイハヴアレザヴェイション フォア○○
J'ai réservé au nom de ○○.

では待ちます
I'll wait.
アイルウェート
J'attendrai.

またにします
I'll try again another time.
アイルチュライアゲン アナザタイム
Au revoir.

メニューをください
Can I have a menu please?
カナイハヴアメニュプリズ↗
La carte, s'il vous plaît.

子供用のメニュー
children's menu
チルジュレンズメニュ
carte pour enfants (f)

おすすめ料理はどれですか?
What do you recommend?
ワットドゥユレコメンド
Que me conseillez-vous?

本日のおすすめ
today's specials
トゥデイズスペシャルズ
carte du jour (f)

前菜とメインだけでもいいですか?
Can we just order appetizers and a main dish?
カンウィジャストオーダアペタイザズアンダメインディシュ↗
Pouvons-nous prendre seulement hors-d'œuvres et un plat principal?

ワインリスト
wine list
ワインリスト
liste de vin (f)

あれと同じものをください
I'll take the same thing as him (her).
アイテークザセームシンガズヒム(ハー)
Je prends la même que lui(elle).

ランチメニュー
lunch menu
ランチメニュー
carte déjeuner (f)

(メニューを指して) これをください
Can I have this, please?
カナイハヴディスプリズ↗
Je prends ça.

デザートメニュー
dessert menu
デザートメニュー
carte à dessert (f)

★サンドイッチは食べるのは簡単だが、注文は意外と面倒くさい。パンの種類は? チーズの種類は? 付け合わせのポテトはベイクトそれともフレンチフライ?と、いくつもハードルがある

シェフ
chef
シェフ
chef (m)

料理はいかがですか？
How is your meal?
ハウイズヨアミール
Comment trouvez-vous votre repas?

おいしいです
It's delicious.
イツディリシャス
C'est excellent.

ウェイトレス
waitress
ウェーチュレス
serveuse (f)

ウェイター
waiter
ウェータ
serveur (m)

ナイフ
knife
ナイフ
couteau (m)

ナプキン
napkin
ナプキン
serviette (f)

カップ
cup
カップ
tasse (f)

フォーク
fork
フォーグ
fourchette (f)

皿
plate
プレート
assiette (f)

○○をください
Can I have a ○○ please?
カナイハヴア○○プリズ↗
Je prends ○○.

お代わり
extra
エクスチュラ
autre

取り皿
small plate
スモールプレート
assiette individuel (f)

料理がまだ来ません
My food hasn't come yet.
マイフードハセントカムイエト
Je ne suis pas encore servi.

おごり
treat
チュリート
payer

お勘定をお願いします
Can we have the cheque, please?
カンウィハヴザチェックプリズ↗
L'addition, s'il vous plaît.

割り勘
split the bill
スプリトザビル
partages la note

領収書
receipt
レシット
reçu (m)

★中国料理のヌードル、イタリア料理のパスタも注文する際は実はややこしい。麺の種類を自分で選べる店が多いので、基本的なメニュー名などは覚えておきたい

カナダのグルメ

Canadian Gourmet
カネイディアングルメ
Gourmet du Canada

この街の名物料理は何ですか?
What food is this town famous for?
ワットフードイズディスタウンフェーマスフォア
Cette ville est réputé pour quelles cuisines?

旬の素材を使った料理をつくってください
I'd like something made with seasonal ingredients.
アイドライクサムシングメードウィスシザナルイングリディエンツ
Je voudrais quelque chose fait avec les ingrédients de saison.

アラスカ
(アメリカ合衆国)

ユーコン準州

ホワイトホース

ノースウエスト準州

イエローナイフ

ブリティッシュ・コロンビア州

チャーチル

マニトバ州

アルバータ州

ジャスパー

サスカチュワン州

バンフ　ドラムヘラー

バンクーバー　カルガリー

ビクトリア　　　　　　　　　　　レジャイナ　ウィニペグ

シアトル

太平洋

カナディアン・ロッキー

---

column ｜ 持ち帰れるグルメ

カナダのシンボルと言えば、国旗にも描かれているメープル(楓)。その樹液を煮詰めたメープルシロップは、スイーツにはもちろん肉料理の風味づけに使われるなど、カナダ全土で愛されている。メープルフレーバーのバター、ワッフル、紅茶、チョコレート、クッキー、キャンディー、アイスクリーム、プリッツなど、バラエティ豊かなメープルグッズはカナダみやげの定番だ。もう1つカナダで有名な食材はサーモンだが、こちらもスモークサーモン、サーモンジャーキー、缶詰など保存のきく加工品が豊富にそろっているので、手軽なおみやげになる。ブドウを天然凍結させて作るアイスワインもカナダの名産である。

column 「カナダ料理」って？

「日本料理」と言えばとりあえず寿司、天ぷらが浮かぶように、「カナダならこれ」と即答できるものは、はっきり言って、ない。つまり「カナダ料理」というカテゴリーは存在しないのである。では、グルメな旅は期待できないかと言うと、大間違い。カナダの食生活にはイギリスとフランスの伝統が受け継がれ、隣接するアメリカのおいしいものも取り入れられている。また、世界の移住者に門戸を開き、それぞれの文化を尊重してきた国だけあり、中国やイタリアはもちろん、ドイツ、ギリシア、インド、ベトナム、メキシコ、ウクライナなど、さまざまな国の料理が手軽に楽しめる。「モザイク主義」と形容されるカナダの生き方は、何よりもその多彩な食文化に象徴されているのではないだろうか。

大西洋

ドソン湾

ニューファンドランド＆ラブラドール州

ケベック州

オンタリオ州

プリンス・エドワード島州

プリンス・エドワード島 ● シャーロットタウン

ケベック ●

● ハリファックス

ノバ・スコシア州

● モントリオール

ニューブランズウィック州

● オタワ

トロント ●

ナイアガラ

column 自然の恵みを豪快に

サーモン、オイスター、ロブスターなど海の幸に恵まれたカナダ。太平洋、大西洋沿岸は新鮮な素材を生かしたシーフード料理の宝庫だ。イクラ、ウニ、カニといった高級素材もとれるので、バンクーバーなどでは日本人も納得のおいしい寿司が安価で食べられる。内陸部の自慢は、中部平原地帯で育つアルバータ牛。やわらかくてジューシーなビーフは、ステーキやグリルなど肉本来の味が引き立つシンプルな調理法で豪快に堪能したい。そして広大な大地で育つ野菜や果物は、移住者たちの手にかかり、それぞれ味わい深い郷土料理になる。海や山でとれた素材のよさを最大限に活かす──それがカナダ流グルメの醍醐味かもしれない。

はじめよう｜歩こう｜食べよう｜買おう｜極めよう｜伝えよう｜日本の紹介

西部カナダの料理

Western Canadian Cuisine
ウェスタンカネイディアンクイジーン
Cuisine de l'ouest du Canada

おすすめの料理は何ですか？
What do you recommend?
ワッドゥユレコメンド
Que me conseillez-vous?

○○です
The ○○ is delicious.
ザ○○イズディリシャス
○○ est délicieux(-se).

西部カナダの料理
Western Canadian Cuisine ウェスタンカネイディアンクイジーン
Cuisine de l'ouest du Canada

おすすめはシーフード料理。近海の新鮮な魚介類が味わえる。中部の大平原で育つアルバータ牛もぜひ味わいたい。

アルバータ牛ステーキ
Alberta steak
アルバータステーク
steak de l'Alberta (m)

豊かな自然に恵まれたアルバータ州で育ったブランド牛を、分厚くこんがり焼いたステーキはボリューム満点。

サーモン・グリル
grilled salmon
グリールドサーモン
saumon grillé (m)

カナダでは定番の人気料理で、直火でサーモンを網焼きしたもの。日本人には醤油があったら最高。

サーモン・トルネード
salmon tornado
サーモントネイド
saumon tornado (m)

ベーコンを生のサーモンに巻いてブラックペッパーをふり、グリルしたもの。ソースはお好みで好きな味に。

プライム・リブ
prime rib
プライムリップ
travers de bœuf (m)

牛の最上級のあばら肉を、長時間かけてローストした料理。カナダに行ったらぜひ食べてみたい一品。

中国料理
Chinese food
チャイニーズフード
cuisine chinoise (f)

特にバンクーバーは香港からの移住者が多く、中国料理は量、内容ともに充実。大都市にはチャイナタウンも。

ダチョウ肉の刺身
ostrich sashimi
オスチュリチュサシミ
sashimi d'autruche (m)

ダチョウ肉の1番おいしい食べ方は刺身にすること。マリネ風にして。

BCロール
B.C. Roll
ビシロール
B.C. roll (m)

パリパリに焼いたサーモンの皮で野菜や具を包み、裏巻きした寿司。BCとはブリティッシュコロンビアの略。

にぎり寿司
sushi
スシ
sushi (m)

日本の味が恋しくなったら食べに行きたいにぎり寿司。新鮮なネタは、カナダならでは。

---

column | サーモンづくし

カナダの伝統料理と言えばスモークサーモン。開いたサーモンを塩とブラウンシュガーまたは蜂蜜で味つけしたら、リンゴの木やハンノキを燃やした煙で1週間スモークし続ける。日本へのおみやげにするのもいいが、スモークサーモンをたっぷり載せたピザ、オープンサンドなどは、ぜひカナダの空の下で味わいたいもの。ただ「食べる」以上の体験に興味がある人は、バンクーバーの北東にあるアダムス・リバーに足を延ばすとよい。この川はサーモンが遡上するスポットとして知られ、流域に住む先住民リトルシュスワップ族が経営する宿では伝統的なサーモン料理の作り方を見学できる。川に近い広場にはさまざまな出店が並ぶので、見て、味わい、持ち帰るサーモン三昧も夢ではない。

column | アフタヌーンティーで上流気分

英国文化を伝える町ビクトリアでは、ちょっと贅沢なお茶の時間を楽しみたい。19世紀半ば、英国王室の人々は朝食をたっぷりとり、昼食は軽く、そして夕食は夜遅くという生活をしていた。当然ながら、夕方になると貴婦人とて"小腹"が空いてしまう。あるときベッドフォード公爵夫人が、昼食と夕食のつなぎに軽食をとると、胃腸が活性化し、晩餐もよりおいしく食べられることに気づき、お客にもふるまうようになった。楽しいお茶会の習慣は貴婦人たちの社交の場として広まり、今ではホテルやティールームで楽しめる文化となった。英国式アフタヌーンティーは、三段式のスタンドにサンドイッチ、スコーン、ケーキを盛るのが、伝統的なスタイル。下の段から順に食べていくのが正式の作法である。

東部カナダの料理

Eastern Canadian Cuisine
イスタンカネイディアンクイジーン
Cuisine de l'est du Canada

メインディッシュは何にしますか？
What would you like for your main course?
ワットウードゥユライクフォアヨアメーンコース
Que prenez-vous pour le plat principal?

○○をお願いします
I'll take the ○○, please.
アイルテクザ○○プリズ
Je prends le(la) ○○, s'il vous plaît.

東部カナダの料理

Eastern Canadian Cuisine イスタンカネイディアンクイジーン
Cuisine de l'est du Canada

ヨーロッパからの移住の歴史からフランス料理がおいしい。大西洋の海の幸もぜひ。世界からの移住者の味も楽しめる。

ケベック風シチュー
Quebec stew
クウェベックストゥー
ragoût du Québec (m)

ビーフと塩漬けラード、野菜の入ったおすすめの郷土料理。フランス文化が残る地域ならではの一品。

フランス料理
French food
フレンチフード
cuisine française (f)

海の幸をふんだんに使ったブイヤーベースやハーブとバターの利いたカキのグラタンなどがおすすめ。

ロブスター
lobster
ロブスタ
homard (m)

茹でたてをハーブやソースと一緒に食べるのがシンプルでおすすめ。カナダに行ったら必ず食べて帰りたい。

カキ
oyster
オイスタ
huître (f)

白ワインとの相性が抜群。オイスター・バーでは数種類の盛り合わせも。バンクーバーやP.E.I.が有名。

カニ
crab
クラーブ
crabe (m)

近海のカニは洋風でもエスニック風でも合う人気の地元料理。水槽から出したばかりのものを調理することも。

スモークミート
smoked meat
スモクドミート
viande fumée (f)

東カナダにはユダヤ人の移住者も多く食文化も浸透。スパイスやハーブに漬け込んだスモークミートはその代表。

ジビエ
small game
スモールゲーム
gibier (m)

野鳥、ウサギなどの野生鳥獣類を使って作るジビエ。フランス植民者の伝統料理をカナダ流にアレンジ。

ラム
lamb
ラム
agneau (m)

ビーフ以外ではラムも人気の食材。店によってはフランス料理とイタリア料理をミックスしてラム料理を提供。

イタリア料理
Italian food
イタリアンフード
cuisine italienne (f)

地元の人にも旅行者にも人気のあるイタリア料理。しゃれたレストランから気軽にテイクアウトできる店まで。

> **ひとくちコラム**
>
> **カナダ流ベーコンの食べ方**
>
> カナダの食卓にはハムとベーコンが欠かせない。その名も「カナディアン・ベーコン」は豚のロース肉をスモークしたもので、日本のスーパーなどではあまり見ないが、アメリカやカナダではごく一般的なベーコンの一種として棚に並んでいる。脂身が少ないため一見するとハムのようで、そのまま食べられる点もハムに似ている。もちろんカリカリに焼いてもおいしい。代表的なレシピはニューヨーク発祥のブランチ・メニュー「エッグベネディクト」だろうか。イングリッシュマフィンとポーチドエッグにはさまれた、あの厚切りベーコンこそがカナディアン・ベーコンである。
>
> ところで、ベーコンやソーセージにも甘いメープルシロップをかけて食べるのが、カナダ流(?)らしい。たとえば、朝食のパンケーキを食べるとき、同じ皿のベーコンにも景気よくシロップをかける光景を見かける。それほどメープルを愛しているということなのか、単に大ざっぱな人々なのか——日本人にはぎょっとする組み合わせだが、興味半分で試してみると、これが意外においしく、くせになるとかならないとか。

多文化の料理

Multicultural Cuisine
マルティカルチュラルクイジーン
Cuisine multiculturelle (f)

どこのレストランがおすすめですか？
Which restaurant do you recommend?
ウィッチレストランドゥユレコメンド
Quel restaurant me conseillez-vous?

コース料理はありますか？
Do you have any set meals?
ドゥユハヴエニセットミールズ↗
Avez-vous des menus?

多文化の料理
Multicultural Cuisine マルティカルチュラルクイジーン
Cuisine multiculturelle (f)

各国からの移住者が多いカナダでは、どの国の料理も本格的なものが味わえる。最近では韓国料理の店も人気。

ギリシア料理
Greek food
グリークフード
cuisine grecque (f)

ナス、ひき肉、チーズなどを重ねて焼き上げたムサカや、ギリシアのチーズを使ったサガナキが楽しめる。

インド料理
Indian food
インディアンフード
cuisine indienne (f)

インド料理は多彩なスパイスが特徴。最近はインド人旅行者が増えているので、本場の味を追求した店も多い。

ベトナム料理
Vietnamese food
ヴィエットナミーズフード
cuisine vietnamienne (f)

生春巻、ベトナム風チャーハンなどが楽しめる。ランチセットやテイクアウトがおすすめな店もある。

メキシコ料理
Mexican food
メックシカンフード
cuisine mexicaine (f)

トウモロコシの粉を使うトルティーヤ、いんげん豆を使った料理が有名。トウガラシのスパイシーさが特徴。

ウクライナ料理
Ukrainian food
ウクレーニアンフード
cuisine ukrainienne (f)

ウクライナからの移住者が持ち込んだウクライナ料理。代表的なものに、キエフ風カツレツがある。

ドイツ料理
German food
ジャーマンフード
cuisine allemande (f)

ドイツからの移住者が持ち込んだドイツ料理。代表的なものに豚スネ肉のグリルなどがある。

フィッシュ・アンド・チップス
fish and chips
フィシャンドチプス
fish and chips (m)

さっくり揚がったタラとポテトはボリューム満点。お好みでビネガーやタルタルソースをつけて。

キッシュ
quiche
キーシュ
quiche (f)

日本でもおなじみのキッシュは、実はフランスの郷土料理。カナダではいろいろな種類のキッシュが楽しめる。

ベーグル
bagel
ベーゲル
bagel (m)

ユダヤ人がカナダに持ち込んだベーグル。日本でもおなじみとなったベーグルをカナダで食べ比べてみては。

ハンバーガー
hamburger
ハンバーガ
hamburger (m)

サーモンをはさむのはカナダならでは。ポテトやサラダと一緒にワンプレートに盛られてくることが多い。

ホットドッグ
hot dog
ホットドッグ
hot-dog (m)

ピクルスなどトッピングはお好み次第。街中のスタンドで。

クロックムッシュ
croque monsieur
クロックムッスユア
croque-monsieur (m)

パンにハムとチーズをはさみ、軽く焼いてソースを塗ったもの。

サンドイッチ
sandwich
サンドイッチ
sandwich (m)

デリなどで売られている。シーフードサンドイッチがおすすめ。

ワイン、ビールほか

Wine, Beer, etc.
ワインビアエットセタラ
Vin, Bière, etc.

辛口のワインはありますか？
Do you have any dry wines?
ドゥユハヴエニジュライワインズ♪
Avez-vous un vin sec?

はい。○○があります。
Yes, we have ○○.
イエスウィハヴ○○
Oui, nous avons ○○.

ワイン
wine ワイン
vin (m)

カナダでは味、産地、品種、収穫年などの要件を満たしたワインにのみ、品質を保証するVQAの表示が認められている。

マグノッタ
Magnotta
マッグノッタ
Magnotta

オンタリオで3番目に大きなワイナリー。広大な自社ブドウ園が、良質なアイスワイン用のブドウを安定供給するため、品質が高い。

ブロミドン
BLOMIDON
ブロミドン
BLOMIDON

ノバスコシア州のブロミドン・バレーにあるワイナリー。肥沃な土壌と比較的穏やかな気温により、ブドウの生育もよい。数々の賞を受賞。

ジュワ
JOIE
ジュワ
JOIE

優秀なワイン産地として知られるオカナガン・バレーに位置する。白とロゼワインを短期間で高評価を得るブランドにした。生産量が少ない。

リヴァーヴュー
Riverview
リヴァヴュー
Riverview

オンタリオ湖からナイアガラ川に流れこんだ豊富な水と、すばらしい環境から芳醇なブドウを栽培。数々の受賞歴を誇るワイナリー。

ロックウェイ　グレン
Rockway Glen
ロックウェイグレン
Rockway Glen

ナイアガラ近くに広大なゴルフコースとワイナリーを持つロックウェイグレン。各種高級ワイン、アイスワインも好評。ワイン博物館もある。

ひとくちコラム
甘口が好きならアイスワイン

収穫期が過ぎたブドウをそのままツルに残しておくと、完熟した果実が天然の状態で凍結する。しかし凍るのは果肉中の水分だけで、糖度その他の成分は凍らないため、ブドウの甘さや香りが凝縮された芳醇な果汁が採取される。そこから作られるのが「アイスワイン」と呼ばれる独特なワインである。発祥の地はドイツだが、カナダの冬はブドウが凍結するのに必要な寒さが安定して得られる（？）ことから、今や本家をしのぐアイスワイン生産国となった。製造には氷点下でも房が落ちないリースリングが向いている。通常のワインよりも大量の葡萄を必要とするため、値段は高価だが、おみやげとしてシロップのように甘いデザートワインとして女性に人気がある。

ビール

beer ビア
bière (f)

カナダは世界有数のビール輸出国。モルソンのような巨大企業から、小さなマイクロブルワリーまで多様。

モルソン・ドライ
Molson Dry
モルソンドライ
Molson Dry

近年、モルソン・クアーズとなった。人気のモルソン・ドライは日本でのドライのヒットから生まれた。

グランビル・アイランド・ラガー
Granville Island Lager
グランビルアイランドラガー
Granville Island Lager

バンクーバーの草分け的なマイクロブルワリーのビール。ホップの効いた、滑らかな喉ごしに人気がある。

オカナガン・スプリング・ラガー
Okanagan Spring Lager
オカナガンスプリングラガー
Okanagan Springs Lager

マイクロブルワリーだったが、現在はカナダ3位のビール会社に。口当たりのよいラガーは日本人好み。

ムースヘッド・ラガー
Moosehead Lager
ムースヘッドラガー
Moosehead Lager

ニューブランズウィックの大きなブルワリー。草のような香りと、ホップの風味、コクに特徴がある。

ウイスキー

whisky ウイスキー
whisky (m)

軽く滑らかで、飲み飽きないのがカナダのウイスキーの特徴。最近は重厚でコクのある銘酒が小ロット生産品に相次いでいる。

カナディアンクラブ
Canadian Club
カナディアンクラブ
Canadian Club

1858年創業。クラブで人気を高め、クラブウィスキーと命名したのが始まり。

シーグラム5スター
Seagram's 5 star
シーグラム5スター
Seagram's 5 Star

くせのない飲みやすい味わい。メープルのような甘みもあり、とてもカナダ的。

ギブソンズファイネスト
Gibson's Finest
ギブスンズファイネストゥ
Gibson's Finest

ギブソンズファイネスト・レア18年は、ブレンダーの技術の粋との評価も高い。

パイククリーク
Pike Creek
パイククリーク
Pike Creek

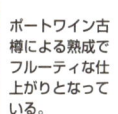

ポートワイン古樽による熟成でフルーティな仕上がりとなっている。

ロットNO.40
Lot No.40
ロットNO.40
Lot No.40

スモールバッチのウィスキー。バーボン樽で、最低8年熟成させた原酒を使用。

使える！ワードバンク アルコール編

生ビール	draught beer	ジュラフトビア
瓶ビール	bottled beer	ボトゥルドビア
白ワイン	white wine	ワイトワイン
赤ワイン	red wine	レドワイン
バーボン	bourbon	バーボン
ロック	on the rocks	オンザロックス
水割り	mixed with water	ミクスドウィスウォータ

味付けと調理の方法

Seasoning and Cooking Methods
シゾニングアンドクッキングメソッヅ
Assaisonnement et Modes de Cuisson

焼き加減はいかがなさいますか？
How would you like your food?
ハウウードユライクヨアフード
Quelle cuisson?

○○でお願いします
○○ *please.*
○○プリズ
○○, s'il vous plaît.

レア **rare** レア saignant(-e)	ミディアム **medium** ミディアム à point	ウェルダン **well done** ウェルダン bien cuit(-e)
炭火焼き **charcoal grilled** チャーコルグリルド grillé(-e) au barbecue	あぶり焼き **roasted** ロステド rôti	網焼き **grilled** グリルド grillé(-e)
きつね色に焼いた **golden fried** ゴルデンフライド frit(-e) doré(-e)	（オーブンで）焼いた **baked** ベークド au four	直火焼きした **flame grilled** フレームグリルド grillé(-e) au feu
ゆでた **boiled** ボイルド bouilli(-e)	揚げた **fried** フライド frit(-e)	蒸した **steamed** スティームド à la vapeur
煮込んだ **stewed** ストゥード braisé(-e)	グツグツ煮た **simmer** シッマー à feu doux	詰め物にした **stuffed** スタッフド farci(-e)
生の **raw** ロー cru(-e)	冷たくした **cold** コルド refroidi(-e)	凍らせた **frozen** フローゼン gelé(-e)
溶かした **melted** メルテド fondu(-e)	燻製にした **smoked** スモクド fumé(-e)	酢に漬けた **pickled** ピックルド au vinaigre

料理の味はどうですか？
How is your meal?
ハウイズヨアミール
Comment trouvez-vous votre repas?

最高です
It's great.
イッツグレート
C'est excellent(-e).

とてもおいしいです
It's delicious.
イッツディリシャス
C'est délicieux(-se).

あまり口に合いません
It's not really my taste.
イッツナットリーリマイテースト
Ce n'est pas à mon goût.

甘い / **sweet** / スウィート / sucré(-e)

辛い / **spicy** / スパイシ / épicé(-e)

しょっぱい / **salty** / ソルティ / salé(-e)

苦い / **bitter** / ビッター / amer(-ère)

すっぱい / **sour** / サウワ / aigre

硬い / **hard** / ハード / dur(-e)

○○を取ってください
Could you pass me the ○○?
クージュパスミザ○○
Pouvez-vous me passer le(la) ○○?

軟らかい / **soft** / ソフト / doux(-ce)

塩 / **salt** / ソルト / sel (m)

砂糖 / **sugar** / シュガー / sucre (m)

コショウ / **black pepper** / ブラックペッパ / poivre (m)

メープルシロップ / **maple syrup** / メープルシロップ / sirop d'erable (m)

マスタード / **mustard** / マスタード / moutarde (f)

ケチャップ / **ketchup** / ケチャップ / ketchup (m)

タバスコ / **Tabasco** / タバスコ / Tabasco (m)

ワサビ / **wasabi** / ワサビ / wasabi (m)

使える！ワードバンク　ドレッシング編

イタリア風	Italian-style	イタリアンスタイル
フレンチ	French	フレンチ
中華風	Chinese	チャイニーズ
ブルーチーズ	blue cheese	ブルーチーズ
ハニー・マスタード	honey mustard	ハニマスタード
当店特製	restaurant speciality	レスチュラントスペシアリティ

ひとくちコラム
「濃い」にもいろいろある

「濃いミルク」はrich milkで、「濃いコーヒー」はstrong coffee。クリームならheavy creamとなり、スープやソースの場合はthickとなる。これはもう、理屈抜きに「切りはなせない一組」として覚えるしかない。

食材を選ぼう

Ingredients
イングリディエンツ
Ingrédients

○○を○○gください
I'd like ○○ grams of ○○, please.
アイドライク○○グラームズオヴ○○プリズ
Je voudrais ○○ grammes de ○○, s'il vous plaît.

全部でおいくらですか？
How much is that altogether?
ハウマッチズザットールトゥゲザー
Ça fait combien au total?

牛肉
beef
ビーフ
bœuf (m)

ハム
ham
ハム
jambon (m)

豚肉
pork
ポーク
porc (m)

鶏肉
chicken
チケン
poulet (m)

精肉店
butcher
ブチャー
boucher (m)

ソーセージ
sausage
ソーセジ
saucisse (f)

ロブスター
lobster
ロブスタ
homard (m)

サケ
salmon
サーモン
saumon (m)

マグロ
tuna
トゥナ
thon (m)

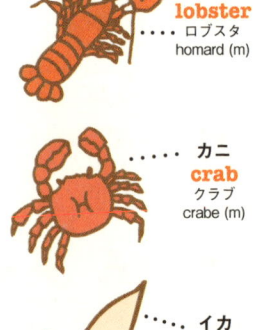

カニ
crab
クラブ
crabe (m)

ホタテ
scallop
スカーロプ
coquille (f)

イカ
squid
スクイド
calmar (m)

カキ
oyster
オイスタ
huître (f)

鮮魚店
fishmonger
フィシュモンガー
poissonnerie (f)

52

使える！ワードバンク 食材編

牛もも肉	**beef round**	ビーフラウンド
牛すね肉	**beef shank**	ビーフシャンク
スペアリブ	**spare rib**	スペアリップ
レバー	**liver**	リヴァー
卵	**egg**	エッグ
ナス	**eggplant**	エッグプラント
カボチャ	**pumpkin**	プンプキン
大根	**white radish**	ワイトラディッシュ
ホウレン草	**spinach**	スピネチ
イチジク	**fig**	フィッグ
洋ナシ	**pear**	ペア
ブルーベリー	**blueberry**	ブルーベリ
バジル	**basil**	ベイゼル
オレガノ	**oregano**	オレッガノ

セロリ
celery
セレリ
céleri (m)

キノコ
mushroom
マッシュルーム
champignon (m)

レタス
lettuce
レタス
laitue (f)

ジャガイモ
potato
ポテイト
pomme de terre (f)

トマト
tomato
トメイト
tomate (f)

リンゴ
apple
アップル
pomme (f)

キャベツ
cabbage
カベジ
chou (m)

ニンジン
carrot
ケーロット
carotte (f)

バナナ
banana
バナーナ
banane (f)

タマネギ
onion
オニオン
oignon (m)

ブドウ
grape
グレープ
raisin (m)

レモン
lemon
レモン
citron (m)

キュウリ
cucumber
キュカンバ
concombre (m)

メロン
melon
メロン
melon (m)

オレンジ
orange
オランジ
orange (f)

豆
bean
ビーン
haricot (m)

オリーブ
olive
オーリヴ
olive (f)

桃
peach
ピーチ
pêche (f)

アボカド
avocado
アヴォカド
avocat (m)

青果店
greengrocer
グリーングロサ
magasin des fruits et légumes (m)

Green grocet

ファストフード（フードコート）で食べよう

Fast Food
ファストフード（フードコーツ）
Restaurants-minute

セットメニューはありますか？
Do you have any set menus?
ドゥユハヴェエニセットメニュズ♪
Avez-vous les menus?

あります
Yes.
イエス
Oui.

ありません
Sorry, no.
ソーリノー
Non, désolée.

店内で召し上がりますか？
Is it for here or to go?
イズイットフォアヒーアオアトゥゴー
Sur place ou à emporter?

食べて行きます
For here, please.
フォアヒーアプリズ
Sur place, s'il vous plaît.

持ち帰りで
To go, please.
トゥゴープリズ
À emporter, s'il vous plaît.

ここに座っていいですか？
Can I take this chair?
ケンナイテークディスチェア
Puis-je m'asseoir ici?

ひとくちコラム
カナダならではのファストフード
日本で味わえないファストフードを試したい人には、ハンバーガーチェーンのHarvey'sがおすすめ。カナダ名物のプーティンも食べられる。

● フードコート

ピザ
pizza
ピッツァ
pizza (f)

フライドチキン
fried chicken
フライドチケン
poulet frit (m)

フライドポテト
French fries
フレンチフライズ
pommes frites (f,pl)

サブマリンサンド
submarine sandwich
サブマリーンサンドウィッチ
sandwich sous-marin (m)

ラップサンド
wrap sandwich
ラップサンドウイッチ
sandwich wrap (m)

○○をください
Can I have a ○○ please?
カナイハヴア○○プリズ↗
Puis-je avoir un(-e) ○○, s'il vous plaît?

砂糖
sugar
シュガー
sucre (m)

クリーム
cream
クリーム
crème (f)

ストロー
straw
スチュロー
paille (f)

フォーク
fork
フォーク
fourchette (f)

この席は空いていますか？
May I sit here?
メイアイシットヒーア↗
Est-ce que je peux m'asseoir ici?

持ち帰りの容器をもらえますか？
Can I have a doggie bag?
カナイハヴアドッギーバッグ↗
Puis-je avoir un sac pour emporter les restes?

ひとくちコラム
ミルクのスペースを残して！
八分目におさめる日本と違い、北米のファストフードやコーヒーショップで飲み物を買うと、ただでさえ大きい紙コップの縁ぎりぎりに注いでくれることがある。たくさん飲めてうれしい半面、ミルクを入れるとあふれそうで、ブラックが苦手な人はちょっと困るかもしれない。注文するさい、Room for milk, pleaseと一言そえると、分量を加減してくれる。Need room for milk?と先に聞かれる場合もある。

使える！ワードバンク　ファストフード編

ハーヴィーズ	**Harvey's**	ハーヴィーズ
ティム・ホートン	**Tim Hortons**	ティムホータンズ
ウェンディーズ	**Wendy's**	ウェンディズ
バーガーキング	**Burger King**	バーガキング
ケンタッキー・フライド・チキン	**Kentucky Fried Chicken (KFC)**	ケンタッキフライドチケン（KFC）
A&W	**A&W**	エイアンドダッブルユ
クイズノス・サブ	**Quiznos Sub Shop**	クイーズノズ サップ ショップ

パスタ
pasta
パスタ
pâtes (f,pl)

フォー
pho
ファ
pho (m)

ドネル
donair
ドネーア
donair (m)

タコス
taco
タコ
taco (m)

パッタイ
pad thai
パッドタイ
pad thaï (m)

買おう

カナダ人のエコ意識はとても高いのです。身の回りでできることから着実に進めています。

大荷物のナゾ

スーパーの前のカフェでお茶をしていると、不思議なことに気がつきます

入るときは大荷物を抱えているのに

出てくると荷物が小さくなっていたりします

普通、逆じゃない？

それはね

リサイクル意識が高いカナダでは
空き缶をお店に返して、デポジットのお金を受けとりに来るんです
金田
また出た…
空き缶1缶で5セント200あれば10ドル
何してるの？
FAN FAIR
空き缶落ちてないかな

お店を探そう
Looking for Shops
ルキングフォアショプス
Chercher les Magasins

文具店はどこにありますか？
Is there a stationery shop near here?
イズゼアアステーショネリショップニアヒア♪
Est-ce qu'il y a une papeterie près d'ici?

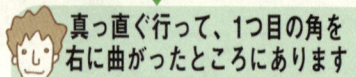

真っ直ぐ行って、1つ目の角を右に曲がったところにあります
Go straight along this road and take your first right.
ゴスチュレーッタロングディスロード
アンドテークヨアファーストライト
Allez tout droit et prenez la première à droite.

ありがとう
Thanks.
サンックス
Merci.

いらっしゃいませ。何かお探しですか
Hi! How can I help you today?
ハイ ハウケナイヘルプユトゥデー
Bonjour! Que désirez-vous?

はい、書きやすい万年筆を探しています
I'm looking for a fountain pen that's easy to use.
アイムルーキングフォアアファウンテン
ペンザッツイージトゥユーズ
Je cherche un stylo à encre facile à utiliser.

いいえ、見ているだけです。ありがとう
I'm just looking, thank you.
アイムジャストルーキング サンッキュ
Je regarde seulement, merci.

食料品店
grocery store
グロサリストア
épicerie (f)

CDショップ
music store
ミュジクストア
magasin de musique (m)

靴店
shoe store
シューストア
magasin de chaussures (m)

書店
book store
ブックストア
librairie (f)

文具店
stationery shop
ステーショネリショップ
papeterie (f)

★陳列品を勝手に試着しないなどのマナーは守るべきだが、欲しくない物まで買うような気づかいは無用。店員がサイズや色を探してくれても、気に入らなければ買う必要はない

これをください
I'll take this, please.
アイルテークディスプリーズ
Je veux l'acheter.

いくらですか？
How much is this?
ハウマッチズディス
Ça fait combien?

ほかのものを見せてください
Could you show me something else?
クッジューショミサムシングエルス♪
Pouvez-vous m'en montrer d'autres?

領収証
receipt
レシート
ticket de caisse (m)

少し安くなりませんか？
Could I get a deal on this?
クッダイゲッタディールオンディス♪
Est-ce que vous pouvez baisser votre prix?

おつり
change
チェンジュ
petite monnaie (f)

このクレジットカードは使えますか？
Can I use this card?
ケンアイユズディスカード♪
Puis-je utiliser ce carte?

ひとくちコラム
買物のマナー
平等を重んじるカナダでは、働く人を召使いのように扱う客は嫌われる。店員とは笑顔であいさつを交わし、最後はThank youを忘れずに。

ごめんなさい、また来ます
Thanks, I'll come back later.
サンクス アイルカンバックレータ
Merci, je reviendrai.

免税申告書
tax receipt
タクスレシート
reçu d'impôts (m)

花店	**florist** フローリスト / fleuriste (m,f)	
美容院	**hairdresser** ヘアジュレッサ / salon de coiffure (m)	
パン店	**bakery** ベイカリ / boulangerie (f)	
菓子店	**candy store** キャンディストア / confiserie (f)	

使える！ワードバンク 〔お店編〕

コンビニ	convenience store	コンヴィーニエンスストア
ショッピングモール	mall	モール
玩具店	toy store	トイストア
鮮魚店	fishmonger	フィッシュモンガ
精肉店	butcher	ブッチャ
青果店	fruit and vegetable store	フルートアンドヴェジェタブルストア
酒店	liquor store/beer store	リカーストア／ビアストア
民芸品店	folk art store	フォックアートストア
みやげ物店	souvenir shop	スヴェニアショップ
雑貨店	general store	ジェネラルストア
眼鏡店	optician	オップティシャン
時計店	clock store	クロックストア
家具店	furniture store	ファニチャストア
家電店	appliance store	アップライアンスストア
郵便局	post office	ポストオフィス
銀行	bank	バンク

好きな色，素材，柄を探そう

Colours, Materials, Patterns
カラズ、マティリアルズ、パッタンズ
Couleur, Matière, Motif

○○色のものはありますか？
Do you have anything in ○○?
ドゥユハヴエニシィングイン○○♪
Est-ce que vous avez quelque chose en ○○?

はい / **Yes.** / イエス / Oui.

いいえ / **No.** / ノ / Non.

ほかの○○を見せてください
Could you show me another ○○?
クッジュショミアナザ○○♪
Je veux voir un(-e) autre ○○.

サイズ	色	柄（模様）	素材
size	**colour**	**pattern (design)**	**material**
サイズ	カラ	パッタン（デザイン）	マティリアル
taille (f)	couleur (f)	motif (dessin) (m)	matière (f)

明るい色	暗い色	派手な色	パステルカラー
bright colour	**dark colour**	**loud colour**	**pastel**
ブライトカラ	ダークカラ	ラウドカラ	パステル
couleur vive (f)	couleur sombre (f)	couleur criard (f)	pastel (f)

赤 / **red** / レッド / rouge

グレー / **grey** / グレー / gris(-e)

青 / **blue** / ブルー / bleu(-e)

白 / **white** / ワイト / blanc(-che)

オレンジ / **orange** / オレンジュ / orange

ピンク / **pink** / ピンク / rose

黄色 / **yellow** / イェロ / jaune

緑 / **green** / グリーン / vert(-e)

紫 / **purple** / パープル / violet(-te)

黒 / **black** / ブラック / noir(-e)

茶 / **brown** / ブラウン / marron, brun(-e)

水色 / **light blue** / ライトブルー / bleu(-e) pâle

これは何でできていますか？
What's this made of?
ワッツディッスメードオヴ
En quelle matière est-il?

カシミアでできたものはありませんか？
Do you have any cashmere?
ドゥユハヴァニカージュミア♪
Avez-vous quelque chose en cachemire?

アンゴラです
It's Angora.
イッツアンゴラ
C'est laine angora.

綿 / **cotton** / コトン / coton (m)

麻 / **hemp** / ヘンプ / lin (m)

ナイロン / **nylon** / ナイロン / nylon (m)

絹 / **silk** / シルク / soie (f)

ニット / **knit** / ニット / tricot (m)

ウール / **wool** / ウール / laine (f)

ポリエステル / **polyester** / ポリエスタ / polyester (m)

牛革 / **leather** / レザ / cuir de vache (m)

羊革 / **sheep skin** / シープスキン / cuir de mouton (m)

ストライプの / **striped** / ストライプド / à rayures

チェック柄の / **checked** / チェッケド / à carreaux

使える！ワードバンク 〈素材・色・柄編〉

オーストリッチ	ostrich	オスチュリチュ
馬革	horse leather	ホースレザ
ブタ革	pig skin	ピグスキン
ワニ革	alligator skin	アリゲタスキン
ヤギ革	goat skin	ゴートスキン
スエード	suede	スエード
エナメル	enamel	イナメル
合成皮革	synthetic leather	シンセティクレザ
無地の	plain	プレーン
ボーダー柄の	bordered	ボーダド
派手な	flashy	フラシ
地味な	conservative	コンサヴァティヴ
純金	pure gold	ピュアゴルド
18金	18-karat gold	エイティーンカラトゴルド
銀	silver	シルヴァ
プラチナ	platinum	プラティナム

ひとくちコラム

本場で買いたいカウチンセーター
生成りや茶色の自然色と、動物や植物のモチーフでおなじみのカウチン。その流行に左右されないスタイルで、冬のカジュアルウェアとして日本でも根強い人気を持つ。が、もともとは狩猟や漁業の作業着。バンクーバー島の先住民カウチン族が未加工の天然羊毛で手編みしたものが、"本来のカウチン"である。油分の多い毛糸は撥水・保湿に優れ、耐久性も抜群。実用的な伝統工芸品としては最高のおみやげだ。

欲しいサイズ, 形, アイテムを伝えよう

Finding Size, Style, and Items
ファインディングサイズ、スタイル、アンドアイテムズ
Trouver les Tailles, Modes, Articles

試着してみていいですか？
Can I try this on?
カナイチュライディッスオン♪
Puis-je l'essayer?

はい。どうぞこちらへ
Of course, please come this way.
オヴコース　プリーズカムディッスウェー
Bien sûr, suivez-moi s'il vous plaît.

大きすぎます
It's too big.
イッツトゥービッグ
C'est trop grand.

ピッタリです
It's perfect.
イッツパーフェクト
C'est juste ma taille.

もっと小さいのはありますか？
Do you have a smaller one?
ドゥユハヴァスモーラワン♪
Est-ce que vous avez un plus petit?

長い / **long** / ロング / long(-gue)

短い / **short** / ショート / court(-e)

ゆるい / **loose** / ルース / ample

きつい / **tight** / タイト / serré(-e)

シャツ / **dress shirt** / ジュレスシャート / chemise (f)

スーツ / **suit** / スート / costume (m)

ベスト / **vest** / ヴェスト / gilet (m)

パンツ (ズボン) / **pants** / パンツ / pantalon (m)

靴 / **shoes** / シューズ / chaussures (f,pl)

ジャケット / **jacket** / ジャケト / veste (f)

スニーカー / **running shoes** / ラニングシューズ / basket (f)

セーター / **sweater** / スウェタ / pull (m)

カーディガン / **cardigan** / カーディガン / cardigan (m)

長袖の
long-sleeved
ロングスリーヴド
manches longues (f)

マフラー
scarf 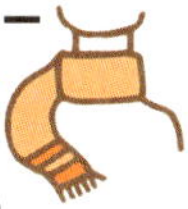
スカーフ
écharpe (f)

半袖の
short-sleeved
ショートスリーヴド
manches courtes (f)

手袋
gloves 
グロヴズ
gants (m,pl)

ノースリーブ
sleeveless
スリーヴレス
sans manches

帽子
hat 
ハット
chapeau (m)

ブレザー
blazer 
ブレーザ
blazer (m)

下着
underwear
アンダウェーア
sous-vêtement (m)

ネクタイ
tie 
タイ
cravate (f)

靴下
socks
ソクス
chaussettes (f,pl)

使える！ワードバンク　スタイル編

寸法	size	サイズ
襟なしの	collarless	コラレス
丸首	crew neck	クルーネック
Vネック	v-neck	ヴィネック
タートルネック	turtleneck	タトルネック
リバーシブルの	reversible	リヴァーサブル
ボタン	button	バトン
ファスナー	zipper	ジーパ
ポケット	pocket	ポッケト
フード	hood	フッド
ダブルの	double	ダブル
シングルの	single	シングル

使える！ワードバンク　アイテム編

ストール	stole	ストール
スカーフ	scarf	スカーフ
ストッキング	stockings	ストキングズ
傘	umbrella	アンブレラ
ベルト	belt	ベルト
財布	wallet	ワレット
ハンカチ	handkerchief	ハンカチフ

コート
coat
コート
manteau (m)

ワンピース
dress
ジュレッス
robe (f)

ブーツ
boots
ブッツ
bottes (f,pl)

ブラウス
blouse
ブラウス
chemisier (m)

スカート
skirt
スカート
jupe (f)

ローファー
loafers
ローファズ
mocassin (m)

サンダル
sandals
サンダルズ
sandales (f,pl)

ハイヒール
high heels
ハイヒールズ
hauts talons (m,pl)

63

カナダ・ブランドを買おう

Canadian Products
カネイディアン プロダックツ
Produits canadiens

カナダのおみやげは決まりましたか？
Have you chosen your souvenirs?
ハヴユチョゼンヨアスヴェニアズ？
Avez-vous choisi vos souvenirs?

ナチュラルな化粧品を買いたいと思います
I'd like some natural cosmetics.
アイドライクサムナチュラルコズメティックス
Je voudrais du maquillage naturel.

アウトドア用品やネイティブアートもおすすめですよ
I recommend the outdoor gear or the native art.
アイレコメンドザアウトドアギアオアザネイティヴアート
Je vous recommande les matériels d'extérieur et les beaux-arts amérindiens.

香水 **perfume** パフューム parfum (m)	口紅 **lipstick** リップスティック rouge à lèvres (m)	リップクリーム **lip cream** リップクリーム crème à lèvres (f)
ファンデーション **foundation** ファウンデーション fond de teint (m)	アイシャドウ **eyeshadow** アイシャドー fard à paupières (m)	マスカラ **mascara** マスケーラ mascara (m)
マニキュア **manicure** マニキュール manucure (f)	ヘアピン **hairpin** ヘアピン épingle à cheveux (f)	日焼け止めクリーム **sun block** サンブロック crème écran total (f)
タオル **towel** タオル serviette (f)	ヘアゴム **hair band** ヘアバンド bandeau (m)	チーク **rouge** ルージュ fard pour les joues (m)
ジュエリー **jewellery** ジューレリ bijou (m)	ドリームキャッチャー **dream catcher** ジュリームケッチャ capteur des rêves (m)	
彫刻 **sculpture** スカルプチャ sculpture (f)	仮面 **mask** マスク masque (m)	

ひとくちコラム
先住民の文化を伝えるネイティブアート
カナダ固有のおみやげが欲しい人はカナダ先住民のハンドクラフトに注目。工芸品として人気があるのはトーテムポールやマスクなどの木彫り製品。アクセサリー好きには動物や精霊のシンボルを彫り込んだシルバージュエリーがおすすめ。石や貝を使うアメリカンネイティブのジュエリーと比較してみるのも面白い。
街の専門店、空港の免税店、美術館のショップで探してみよう。

●アウトドア・グッズ

帽子 hat ハット chapeau (m)

雨具 rain gear レーンギア vêtements de pluie (m,pl)

サケ salmon サーモン saumon (m)

釣り糸 fishing line フィッシングライン fil à pêche (m)

バンダナ bandana バンダナ bandana (m)

ライフジャケット life jacket ライフジャケット gilet de sauvetage (m)

ルアー lure ルアー leurre (m)

マウンテン・パーカ parka パーカ parka (f)

地図 map マップ carte (f)

フリース fleece フリース laine polaire (f)

ザック backpack バックパック sac à dos (m)

リール reel リール moulinet (m)

手袋 gloves グラヴズ gants (m)

水筒 canteen カンティーン bidon (m)

方位磁石 compass コンパス boussole (f)

釣竿 fishing rod フィッシングロッド canne à pêche (f)

登山靴 hiking boots ハイキングブッツ chaussures de marche (f)

マス trout チュラウト truite (f)

長靴 boots ブッツ bottes (f)

双眼鏡 binoculars バナッキュラーズ jumelles (f,pl)

方位磁石 compass コンパス boussole (f)

雨具 rain gear レーンギア vêtements de pluie (m,pl)

サングラス sunglasses サングラセズ lunettes de soleil (f,pl)

かゆみ止め anti-itching (cream) アンティイッチング（クリーム） médicament antipruritique (m)

虫よけ bug spray バッグスプレー insectifuge (m)

使える！ワードバンク　日用品編

歯ブラシ	toothbrush	トゥースブラシュ
歯磨き粉	toothpaste	トゥースペスト
切手	stamp	スタンプ
便箋	note paper	ノットペーパ
封筒	envelope	エンヴェロプ
絵葉書	postcard	ポストカード
電池	battery	バテリ

ひとくちコラム
合理的なカナダのリサイクル

環境先進国カナダではゴミを出さない工夫が行き届いている。たとえばボトル飲料の値段にはリサイクル料金が含まれており、自動販売機のようなマシンに空の缶や瓶を入れると返金される。古着や本の回収も合理的で、スーパーの駐車場などに置かれた専用ポストに不要品を入れておくと、慈善団体が運営するスリフトショップ（thrift store）で再販される。収益は自然保護や社会福祉活動に寄付される。つまり買う側もエコに貢献できるのだ。スリフトショップには下着や使い残しのメモ帳など「こんなものまで?」と思う品もあるが、意外なお宝を掘り出せば、節約と慈善が同時にできる一石二鳥の仕組みである。

スーパーへ行こう

Grocery store
グロセリストア
Épicerie

果物売り場はどこですか？
Where can I buy fruit?
ウェアケナイバイフルート
Où puis-je acheter des fruits?

これは何ですか？
What's this?
ワッツディス
Qu'est-ce que c'est?

どのくらいもちますか？
How long will it keep?
ハウロングウィルイットキープ
Combien de jour est-ce qu'il conserve?

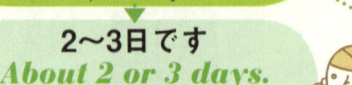

本日中です
Until the end of today.
アンティルザエンドオヴトゥデー
Jusqu'à aujourd'hui.

2～3日です
About 2 or 3 days.
アバウトトゥーオアスリーデーズ
Environ de 2 ou 3 jours.

1週間です
About one week.
アバウトワンウィーク
Environ d'une semaine.

生鮮食品
fresh produce
フレシュプロドゥス
produits frais (m,pl)

乳製品
dairy
デアリ
produits laitiers (m,pl)

冷凍食品
frozen food
フロゼンフード
produits congelés (m,pl)

缶詰
canned food
カンドフード
produits en boîtes (m,pl)

セール
sale
セール
en solde

カート
cart
カート
charrette

スナック菓子
snacks
スナクス
amuse-gueule (m)

★"ゴミを出さない町"バンクーバーのスーパーには、ナッツ、シリアル、お米などの量り売りをする機械が普及している。持参したビニール袋に欲しいだけ入れてレジに行けばよい

試食してもいいですか？
Can I try it?
ケナイチュライイット♪
Puis-je le goûter?

試食品
samples
サンプルズ
échantillon (m)

国産
domestically made (grown)
ドメスティカリメード（グローン）
fabriqué(-e) au pays

輸入品
imported goods
インポーテドグッヅ
produits importés (m)

店員
store clerk
ストアクラーク
vendeur (m)

量り売り
sell by measure
セルバイメジャー
vente au poids (f)

袋に入れてください
Could you bag it for me?
クッジューバグイットフォアミ♪
Mettez dans un sac, s'il vous plaît.

紙袋
paper bag
ペーパバグ
sac de papier (m)

有料です
There's a charge.
ゼアザチャージュ
Il y a un frais.

無料です
There's no charge.
ゼアズノーチャージュ
C'est gratuit.

ビニール袋
plastic bag
プラスティクバグ
sac de vinyle (m)

インスタント食品
instant food
インスタントフード
alimentations en préparation rapide (f,pl)

調味料
seasoning
シーズンィング
assaisonnement (m)

おつり
change
チェーンジュ
monnaie (f)

領収証
receipt
レシート
ticket de caisse (m)

生活用品
daily necessities
デーリネセシティーズ
produits de nécessité (m)

ひとくちコラム
お酒のルールは州ごとに
基本的に酒類はリカーショップでしか買えないが、州によってビールやワインはスーパーでも買える。飲酒の年齢制限も州ごとに違うので注意。

レジ
register
レジスタ
caisse (f)

使える！ワードバンク　お菓子編

ポテトチップス	**chips**	チップス
キャンデー	**candy**	カンディ
ガム	**gum**	ガム
チョコレート	**chocolate**	チョーコレト
プレッツェル	**pretzels**	プレッツェルズ
グミ	**gummy candy**	ガミカンディ
ゼリービーンズ	**jelly beans**	ジェリビーンズ

★アルバータ、マニトバ、ケベックでは18歳以上、その他の州では19歳以上が飲酒できる。日本人は年より若く見られるので、お酒を買うときは身分証を忘れずに

極めよう

カナダの国技はアイスホッケー。普段は穏やかなカナダの人々の隠された一面を見て唖然としてしまうかも。

アイスホッケーで盛り上がる

カナダのスポーツと言えばアイスホッケー

当日は、試合開始の3時間も前から会場につめかけて盛り上がります

試合中も、応援に夢中になった観客がリンクに落下したり

白熱した選手が勢い余って観客席に飛び込んだり

★近年ではリンクと観客席はプレキシガラスで隔てられている。それでも時にはプレキシガラスが壊れることがあるとか。

興奮の連続ですね

そうなんだよー！でもなんたって一番の楽しみは

ニニニニ

試合そのものより、選手同士の乱闘シーン!!

だな

にこ　にこ

はじめよう／歩こう／食べよう／買おう／極めよう／伝えよう／日本の紹介

スポーツを観戦しよう
Watching Sports
ワッチングスポーツ
Regarder des Sports

お気に入りのチームはどこですか？
What team do you like?
ワッティームドゥユーライク
Quelle équipe aimez-vous?

○○です
I like ○○.
アイライク○○
J'aime ○○.

アイスホッケーのルールを教えてください
Could you teach me the rules to hockey?
クッジューティーチミザルールズトゥホッキー
Pouvez-vous apprendre à moi les règles de hockey?

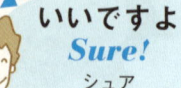

いいですよ
Sure!
シュア
Bien sûr!

選手交代 / **player change** / プレーヤチェンジ / change des joueurs (m)

ゴール / **goal** / ゴール / but (m)

ゴールキーパー / **goalie** / ゴーリ / gardien de but (m)

フォワード / **forward** / フォワード / avant (m)

ディフェンス / **defence** / ディフェンス / défense (f)

審判 / **referee** / レフェリー / arbitre (m)

ペナルティ / **penalty** / ペナルティ / penalty (m)

パック / **puck** / パック / palet (m)

スティック / **hockey stick** / ホッキースティック / crosse de hockey (f)

ラインズマン / **linesman** / ラインズマン / juge de ligne (m)

●アイスホッケー

フェイス・オフ	第1ピリオド	第2ピリオド	延長戦
face off	**first period**	**second period**	**overtime**
フェースオフ	ファーストピリオド	セコンドピリオド	オヴァタイム
remise (f)	première période (f)	deuxième période (f)	prolongation (f)

サドンビクトリー方式
sudden death over time
サッデンデースオヴァタイム
mort subite (f)

オフサイド
offside
オッフサイド
hors-jeu (m)

使える！ワードバンク　ホッケーチーム編

バンクーバー・カナックス　**Vancouver Canucks**　ヴァンクーヴァカナックス
カルガリー・フレームス　**Calgary Flames**　カルガリフレームズ
エドモントン・オイラーズ　**Edmonton Oilers**　エドメンティンオイラーズ
トロント・メイプルリーフス　**Toronto Maple Leafs**　チュランノメブルリッフス
オタワ・セネターズ　**Ottawa Senators**　オタワセナターズ
モントリオール・カナディアンズ　**Montreal Canadians**　モンチュリアルカネイディアンズ

★「ナショナル・ホッケー・リーグ（NHL）」という名称からもわかるとおり、北米で「ホッケー」と言うときは、すなわちアイスホッケーを意味する

どこのチームが強いですか？
Which team is strong?

ウィッチティームイズスチューローング
Quelle est l'equipe fort?

○○です
○○ is.

○○イズ
C'est ○○.

ひとくちコラム
「冬の国技」と「夏の国技」

カナダの国技は言わずと知れたアイスホッケーだが、もう1つ「夏の国技」と呼ばれるスポーツがある。それが、北米先住民の球技を起源とする「ラクロス」である。モントリオールの歯科医ビアズが近代競技として公式ルールを作り、1869年に国技となった。米国とカナダの計6チームが加盟するメジャーリーグ（MLL）もあり、夏の種目としては野球よりポピュラーかもしれない。

●ラクロス

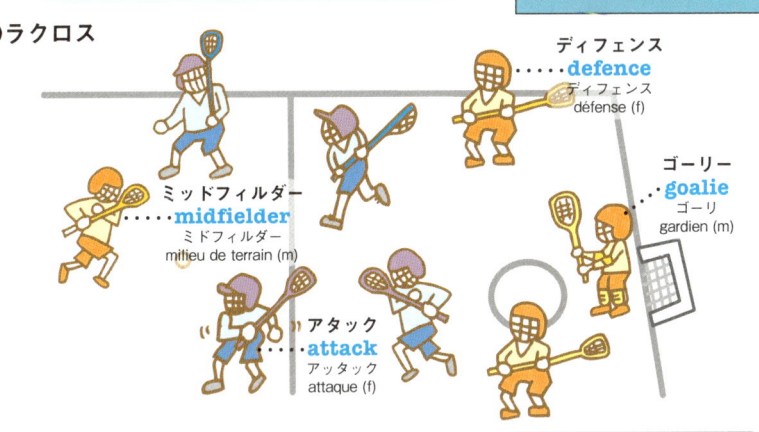

ディフェンス
defence
ディフェンス
défense (f)

ミッドフィルダー
midfielder
ミドフィルダー
milieu de terrain (m)

ゴーリー
goalie
ゴーリ
gardien (m)

アタック
attack
アッタック
attaque (f)

クロス	ポケット	クレードル
crosse	**pocket**	**cradle**
クロス	ポケット	クレードル
crosse (f)	poche (f)	bercer

ハーフタイム	ヘルメット	ショルダーパット
half-time	**helmet**	**shoulder pads**
ハッフタイム	ヘルメット	ショルダパズ
mi-temps (f)	casque (m)	épaulette (f)

ひとくちコラム
幻のプロ野球リーグ

現在、メジャーリーグの中でカナダを本拠とする球団は「トロント・ブルージェイズ」の1チームのみ。ところで、かつてカナダ独自のプロ野球リーグが存在していたことをご存じだろうか。その名も「カナディアン・ベースボール・リーグ」は、野球ファンの期待を背負い2003年5月に開幕した。ところが観客動員に苦戦し、なんと同年7月にあっさり解散。わずか2カ月の夢と終わった。

使える！ワードバンク　ラクロスチーム編

トロント・ナショナルズ	**Toronto Nationals**	チュランノナショナルズ
ボストン・キャノンズ	**Boston Cannons**	ボストンカンノンズ
シカゴ・マシーン	**Chicago Machine**	シカーゴマシン
デンバー・アウトローズ	**Denver Outlaws**	デンヴァアウトロース
ロングアイランド・リザーズ	**Long Island Lizards**	ロンガイランドリザズ
ワシントン・ベイホクス	**Washington Bayhawks**	ワシントンベイホクス

★「ホッケーの殿堂（Hockey Hall of Fame）」はトロント中心部にあり、市内観光の名所になっている

アウトドア・ライフを楽しもう
Outdoor Life
アウッドアライフ
Vivre au Grand Air

乗馬は出来ますか？
Do you have horse-riding?
ドゥユハヴホースライディング♪
Faites-vous l'équitation?

はい
Yes.
イエス
Oui.

いいえ
Sorry, no.
ソーリノー
Non, desolé.

自分で馬が決められます
You can choose the horse you want to ride.
ユーカンチューッザホースユワントゥライド
Vous pouvez choisir le cheval que voudrais monter.

スニーカーをはいてください
Please wear running shoes.
プリーズウェアランニングシューズ
Portez les basket s'il vous plaît.

○○をしたいのですが
I'd like to ○○.
アイドライクトゥ○○
Je voudrais ○○.

ハイキング
hiking
ハイキング
randonnée (f)

ラフティング
rafting
ラフティング
rafting (m)

カヤック
kayak
カイヤック
kayak (m)

🐻 ひとくちコラム
ハイキングのマナー
カナディアン・ロッキーは日帰りで楽しめるハイキングコースの宝庫。肩のこらないリュックに必要なもの（★はみだし情報参照）を入れ、はき慣れたシューズで出かけよう。コース以外の場所に足を踏み入れない、野生の動物に近づかない・エサを与えない、ゴミを置いていかないなどのマナーを守りながら、カナダの大地を踏みしめたい。人間同士も道で会ったら「ハーイ」の一言を忘れずに。

🐻 ひとくちコラム
初心者も体験できるラフティング
緩やかな流れを進む「フロート・ラフティング」と、急流を下る「ホワイトウォーター・ラフティング」の2種類がある。

ボート
boat
ボート
bateau (m)

カヌー
canoe
カヌー
canoë (m)

パドル
paddle
パドル
pagaie (f)

ライフベスト
life vest
ライフベスト
gilet de sauvetage (m)

トレイル
trail
チュレイル
chemin (m)

あぶみ
stirrups
スティッラップス
étrier (m)

ヘルメット
helmet
ヘルメット
casque (m)

バレートレイル
valley trail
バレーチュレイル
chemin de vallée (m)

🐻 ひとくちコラム
マイペースがうれしいカヌー
カヌーの魅力は時がとまったような静けさに身をまかせ、ゆったり自然を体感できること。カナダでカヌーの名所と言えばユーコン川とアルゴンキン州立公園だが、「ロッキーの宝石」と謳えられるレイク・ルイーズもおすすめ。冬は天然スケートリンクに変身する湖で、四季の神秘に思いをはせながらこぎ出そう。

★地図、帽子、手袋、雨具、傘、セーター、替えの靴下、サングラス、日焼け止め、虫除けスプレー、水筒、食料、カメラ、双眼鏡など。タバコを吸う人は携帯用灰皿を忘れずに

この辺りには、サイクリングコースがたくさんあります

There are a lot of cycling trails near here.

ゼアラーアロットオヴサイクリングチュレールズニアヒア

Il y a beaucoup de chemin vélo tout près.

サイクリング
cycling
サイクリング
vélo (m)

レンタルサイクル
rental bicycle
レンタルバイシクル
location de bicyclette (f)

釣り
fishing
フィッシング
pêche (f)

マス釣り
trout fishing
チュラウトフィッシング
pêche à la truite (f)

釣り竿
fishing rod
フィッシングロッド
canne à pêche (f)

釣り糸
fishing line
フィッシングライン
fil à pêche (m)

ひとくちコラム
フィッシングは要ライセンス
カナダでの釣りにはライセンスが必要。各州政府が発行する釣りの許可証は、公認のツアー会社や釣具店などで当日取得できる。15歳以下は無料。

ゴルフ
golf
ゴルフ
golf (m)

クラブ
club
クラブ
crosse de golf (f)

グリップ
grip
グリップ
prise (f)

アイアン
iron
アイアン
fer (m)

バンカー
bunker
バンカ
bunker (m)

フェアウェー
fairway
フェアウェイ
parcours normal (m)

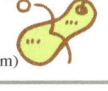

オーロラ
aurora
アローラ
aurore (f)

オーロラベルト
aurora belt
アローラベルト
bande d'aurore (f)

イエローナイフ
Yellowknife
イエーロナイフ
Yellowknife

発光
light
ライト
lumière (f)

緯度
latitude
レティトゥード
latitude (f)

カーテン状
curtain shape
カーテンシェープ
en forme de drapeau

磁気
magnetism
マグネティズム
magnétisme

防寒服
warm clothes
ウォームクローズ
vêtement chaud (m)

ひとくちコラム
オーロラに遭える場所
ノースウエスト準州の州都イエローナイフは世界的に有名なオーロラ観測ポイントである。オーロラが最も頻繁に発生するオーロラベルトの真下にある北緯62度に位置し、晴天率も高いため、出現率が98%の確率で見られるという。3日間滞在すれば、なんと98%の確率で見られるという。その他の名所としては、同州のフォート・スミス、マニトバ州のチャーチル、アルバータ州北部のフォート・マクマレーが知られている。

ここでオーロラを撮影できますか？

Can we photograph the aurora from here?

ケンウィフォトグラフザアローラフロムヒア♪

Peut-on prendre des photos de l'aurore d'ici?

★オーロラのベストシーズンは夜が長く天気が安定する冬場だが、場所によっては夏でも観測できるため、8〜9月にもオーロラ・ツアーが遂行されている

カナダの動物と植物

Canadian Flora and Fauna
カネイディアンフローラ
アンドフォーナ
La faune et la flore du Canada

カナダで人気のある動物は何ですか?
What Canadian animals are famous?
ワットカネイディアンアニマルズアフェイマス
Quels sont les animaux canadiennes populaires?

○○です
The ○○ is famous.
ザ○○イズフェイマス
Le(La) ○○ est populaire.

クジラ
whale
ウェール
baleine (f)

ザトウクジラ
humpback whale
ハンプバックウェール
baleine à bosse (f)

北極グマ
polar bear
ポーラベア
ours polaire (m)

トナカイ
reindeer
レインディア
renne (m)

タテゴトアザラシ
harp seal
ハープシール
phoque du Groenland (m)

ビッグホーンシープ
bighorn sheep
ビッグホーンシープ
mouflon canadien (m)

ムース
moose
ムース
orignal (m)

マウンテンゴート
mountain goat
マウンテンゴート
chèvre chamoisée (f)

エルク
elk
エルク
wapiti (m)

グリズリーベア
grizzly bear
グリズリーベア
grizzli (m)

ロッキー山脈
Rocky Mountains
ロッキーマウンテンズ
montagnes Rocheuses (f,pl)

ナイアガラの滝
Niagara Falls
ナイアグラフォールズ
chutes de Niagara (f,pl)

メープル街道
Maple Route
メープルルート
Route d'érable (f)

氷河
glacier
グレイシャ
glacier (m)

オーロラ
aurora
アローラ
aurore (f)

大氷原
ice field
アイスフィルド
champ de glace (m)

あれは何という花ですか？
What kind of flower is that?
ウァットカイントッヴフラーワイッザット
Quel type de fleur est ça?

○○です
It's a ○○.
イッツァ○○
C'est un ○○.

スミレ
violet
ヴァイオレト
violette (f)

パンジー
pansy
パンジー
pensée (f)

ウエスタン・アネモネ
western anemone
ウエスタンアネモネ
anémone de l'ouest (f)

フリンジド・グラス・オブ・パルナサス
fringed grass of parnassus
フリンジドグラスオブパルナサス
fringed grass of parnassus (m)

インディアン・ペイントブラシ
Indian paintbrush
インディアンペイントブラシ
pinceau indien (m)

レザーリーフ・サクシフレッジ
leatherleaf
レザーリーフ
cassandre caliculé (f)

ヒース
heath
ヒース
bruyère (f)

プリムローズ
primrose
プリムローズ
primevère (f)

ヒヤシンス
hyacinth
ヒヤシンス
jacinthe (f)

紅スモモ
red plum tree
レッドプラムチュリー
prunier rouge (m)

ロック・ジャスミン
rock jasmine
ロックジャスミン
jasmin de roche (m)

ブルーベル
bluebell
ブルーベル
jacinthe des bois (f)

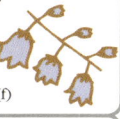

ベゴニア
begonia
ベゴニア
bégonia (m)

デイジー
daisy
デイジー
pâquerette (f)

ライラック
lilac
ライラック
lilas (m)

カイドウ
flowering crabapple
フラワイングクラーブアップル
pommier japonais (m)

ヒマラヤン・ブルーポピー
Himalayan blue poppy
ヒマラヤンブルーポピー
coquelicot bleu de l'Himalaya (m)

アザレア
azalea
アザレア
azalée (f)

シネラリア
cineraria
シネラリア
cineraria (f)

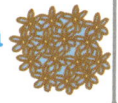

プリックリー・ローズ
prickly rose
プリックリーローズ
rose épineuse (f)

はじめよう | 歩こう | 食べよう | 買おう | 極めよう | 伝えよう | 日本の紹介

音楽を聴こう
Listening to Music
リスニングトゥミュージク
Écouter la musique

○○のCDを探しています
I'm looking for a ○○ CD.
アイムルキングフォア○○シディ
Je cherche un CD de ○○.

試聴できますか？
Can I listen before I buy?
ケンアイリセンビフォアアイバイ
Puis-je écouter avant je l'achète?

ポップス **pop** ポップ pop (f)	ヒップホップ **hip hop** ヒップホップ hip hop (m)	ラップ **rap** ラップ rap (m)
ロック **rock** ロック rock (m)	ハードロック **hard rock** ハードロック hard rock (m)	ヘヴィメタル **heavy metal** ヘヴィメタル metal (m)
ジャズ **jazz** ジャズ jazz (m)	ブルース **blues** ブルーズ blues (m)	カントリー **country** カンチュリー country (f)
ソウル **soul** ソール soul (f)	R&B **R&B** アレンビ R&B (m)	ゴスペル **gospel** ゴスペル gospel (m)
レゲエ **reggae** レゲイ reggae (m)	ラテン **latin** ラテン latin (m)	パンク **punk** パンク punk (m)
クラシック **classical** クラシッカル classique (m)	トラッド **traditional** トラッディショナル traditionnel (m)	
ミュージカル **musical** ミュージカル musicale (f)	ダンス **dance** ダンス danse (f)	

ひとくちコラム

受け継がれる伝統音楽

ノヴァ・スコシア州は、スコットランドからの移住者でできた場所。今では他国からの移住者も多いが、ケープ・ブレトンとよばれる地域では、今もなおスコットランドの伝統音楽が受け継がれている。フィドル（バイオリン）やピアノで演奏されるこの音楽は、ケープ・ブレトン・ミュージック、ケープ・ブレトン・スタイルといわれ、本国スコットランドをはじめ、カナダやアメリカで広く親しまれている。

好きなミュージシャンは誰ですか？
Whose music do you like?
フーズミュジクドゥユライク
La musique de qui aimez-vous?

○○です
I like ○○.
アイライク○○
J'aime ○○.

アヴリル・ラヴィーン
Avril Lavigne
アヴリルラヴィーニュ
Avril Lavigne

アラニス・モリセット
Alanis Morissette
アラニスモレセット
Alanis Morissette

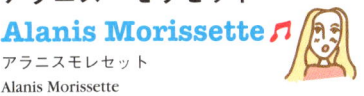

セリーヌ・ディオン
Celine Dion
セリーンディオン
Celine Dion

シャナイア・トウェイン
Shania Twain
シャナイトゥエイン
Shania Twain

ブライアン・アダムス
Bryan Adams
ブラインアダムズ
Bryan Adams

ニール・ヤング
Neil Young
ニールヤング
Neil Young

ポール・アンカ
Paul Anka
ポールアンカ
Paul Anka

ジョニ・ミッチェル
Joni Mitchell
ジョニミッチェル
Joni Mitchell

ラッシュ
Rush
ラッシュ
Rush

サラ・マックラックラン
Sarah McLachlan
セーラミックラックラン
Sarah McLachlan

ダイアナ・クロール
Diana Krall
ダイアナクラール
Diana Krall

ホリー・コール
Holly Cole
ホリコール
Holly Cole

ひとくちコラム
ギネスも認めるジャズの祭典
モントリオール国際ジャズフェスティバルは観客動員数で「世界最大」とギネスブックに登録されている。30周年の2009年には250万人を動員した。

使える！ワードバンク　ミュージシャン編

アーケード・ファイヤー	**Arcade Fire**	アケイドファイア
ビリー　タレント	**Billy Talent**	ビリターレント
ベドウィン　サウンドクラッシュ	**Bedouin Soundclash**	ベドインサウンドクラシュ
ブロークン　ソーシャル　シーン	**Broken Social Scene**	ブロケンソシャルシン
ゴブ	**Gob**	ゴブ
ケーオス	**K-Os**	ケイオス
ニッケルバック	**Nickelback**	ニッケルバック
アワー　レディー　ピース	**Our Lady Peace**	アワレイディピース
シンプル　プラン	**Simple Plan**	シンプルプラーン
サム 41	**Sum 41**	サムフォーティワン
スウォールン　メンバーズ	**Swollen Members**	スウォーレンメンバズ
スリー　デイズ　グレイス	**Three Days Grace**	スリーデーズグレース

映画館へ行こう

Going to the Movies
ゴイングトゥザムーヴィズ
Aller au cinéma

映画を観に行きたいのですが
I'd like to go see a movie.
アイドライクトゥゴシアムーヴィ
Je voudrais aller au cinéma.

いま流行っている映画は何ですか？
What's popular now?
ワッツポピュラナウ
Quels sont les films populaires maintenant?

アクション	**action**	アクション	action (f)
恋愛	**romance**	ローマンス	amour (m)
コメディ	**comedy**	コメディ	comédie (f)
ホラー	**horror**	ホーラ	horreur (f)
SF	**SF**	エスエフ	science-fiction (f)
アドベンチャー	**adventure**	アドベンッチャ	aventure (f)
サスペンス	**suspense**	サスペンス	suspense (m)
歴史	**history**	ヒッストリ	histoire (f)
戦争	**war**	ウォー	guerre (f)
スポーツ	**sports**	スポーツ	sport (m)
リメイク	**remake**	レメイク	nouvelle version (f)
西部劇	**western**	ウェスタン	cowboy (m)
動物	**animal**	アニマル	animal (m)
アニメ	**animation**	アニメイション	animation (f)
続編	**sequel**	シクワル	suite (f)

○○を大人△枚、子供□枚ください
△ adult and □ child tickets for ○○, please.
△アダルトアンド□チャイルドティケッツフォー○○プリーズ
△ billets adultes et □ billets enfants pour la séance de ○○, s'il vous plaît.

○○の△時開始の券を□枚ください
□ tickets for ○○ for the △ o'clock show, please.
□ティケッツフォー○○フォザ△オクロックショプリーズ
□ billets pour la séance de ○○ à △, s'il vous plaît.

あなたが好きな俳優を教えてください
Whose your favourite actor?
フーズヨアフェーヴォリッタクター
Qui est votre acteur favori?

女優
actress
アックチュレス
actrice (f)

キーファー・サザーランド
Kiefer Sutherland
キーファー・サザーランド
Kiefer Sutherland

ジム・キャリー
Jim Carrey
ジム・ケーリ
Jim Carrey

キアヌ・リーヴズ
Kianu Reeves
キアヌ・リーヴズ
Kianu Reeves

レズリー・ニールソン
Leslie Nielsen
レズリ・ニールソン
Leslie Nielsen

マイケル・ジェイ・フォックス
Michael J Fox
マイクル・ジェイ・フォックス
Michael J Fox

マイク・マイヤーズ
Mike Myers
マイク・マイヤズ
Mike Myers

シェネイ・グライムズ
Shenae Grimes
シェネイ・グライムズ
Shenae Grimes

エレン・ペイジ
Ellen Page
エレン・ペイジ
Ellen Page

レイチェル・マクアダムス
Rachel McAdams
レイチェル・マクアダムス
Rachel McAdams

エリシャ・カスバート
Elisha Cuthbert
エリシャ・カスバート
Elisha Cuthbert

映画
movie
ムーヴィ
film (m)

百合の伝説　シモンとヴァリエ
Lilies
リリズ
Lilies

月の瞳
When Night Is Falling
ウェンナイトイズフォーリング
When Night Is Falling

ロスト・ワールド　失われた世界
The Lost World
ザロストワールド
Le Monde Perdu

森の中の淑女たち
The Company of Strangers
ザカンパニオヴスチュレーンジャズ
Le Fabuleux Gang des Sept

丘の家のジェーン
Lantern Hill
ランタンヒル
Lantern Hill

ミュージカルを観よう

Going to Musicals
ゴイングトゥミュージカル
Aller aux Musicales

今、人気のあるミュージカル（芝居）は何ですか？
What musicals are popular right now?
ワットミュージカルッザポピュラライトナウ
Actuellement, quelles sont les musicales populaires?

まだ切符は手にはいりますか？
Are there any tickets left?
アーゼアエニティケッツレフト↗
Est-ce qu'il reste des billets?

はい / *Yes.* / イエス / Oui.

いいえ / *No.* / ノ / Non.

チケット	予約番号	指定席
ticket	**reservation number**	**reserved seat**
ティケット	レザヴェイションナンバー	レザヴドシート
billet (m)	numéro de réservation (m)	place réservé (f)

● 劇場

- 背景 **scenery** シーナリ décor (m)
- 出演者 **cast** カスト acteurs (m)
- ステージ **stage** ステージ fond (m)
- 小道具 **props** プロプス accessoire (m)
- ボックス席 **box seat** ボックスシート place à loge (f)
- 1階席 **first level seat** ファーストレヴェルシート place de parterre (f)
- 2階前方席 **orchestra seat** オーケスチュラシート place de premier rang (f)
- 2階席 **second level seat** セコンドレヴェルシート place de premier balcon (f)
- 3階席 **third level seat** サードレヴェルシート place à troisième niveau (f)

音楽が素晴らしかったです
The music was amazing!
ザミュージクワズアメイジング
La musique c'était magnifique!

とても感動しました
I was very impressed.
アイワズヴェリインプレッスド
J'étais très impressionné.

ダンス
dance
ダンス
danse (f)

退屈
It was boring.
イットワズボーリング
C'était ennuyeux.

ダーティーダンシング
Dirty Dancing
ダーティダンシング
Dirty Dancing

ディズニーズ ハイスクール ミュージカル
Disney's HIGH SCHOOL MUSICAL
ディズニーズハイスクールミュージカル
Disney's HIGH SCHOOL MUSICAL

メノポーズ アウト ラウド
Menopause Out Loud!
メノポーザウトラウド
Menopause Out Loud!

スウィーニー トッド
Sweeney Todd
スウィーニトッド
Sweeney Todd

ウィー ウィル ロック ユー
We Will Rock You
ウィウィルロッキュ
We Will Rock You

ひとくちコラム
シルク・ドゥ・ソレイユの本拠地
日本にも常設劇場ができたスーパーサーカス集団、Cirque du Soleil。そのルーツはケベック州の大道芸だった。スポーツと芸術の融合、世界の民族文化を取り入れたテーマなど、いかにもカナダらしいエンターテイメントである。

使える！ワードバンク　ミュージカルシアター編

ロイヤル アレクサンドラ シアター	**Royal Alexandra Theatre**	ロイヤルアレクザンジュリアシアタ
エルギン アンド ウィンター ガーデン シアター	**Elgin & Winter Garden Theatre**	エルギンアンドウィンタガーデンシアタ
カナディアン オペラ カンパニー	**Canadian Opera Company**	カネイディアンオペラカンパニ
カノン シアター	**Canon Theatre**	カノンシアタ
ソニー センター フォア ザ パフォーミング アーツ	**Sony Centre for the Performing Arts**	ソーニセンタフォザパフォーミングアーツ
パナソニック シアター	**Panasonic Theatre**	パナソニクシアタ
プリンセス オブ ウェールズ シアター	**Princess of Wales Theatre**	プリンセスオヴウェールズシアタ
ロイ トンプソン ホール	**Roy Thomson Hall**	ロイトンプソンホール
セカンド シティ	**Second City**	セコンドシティ
トロント センター フォア ザ アーツ	**Toronto Centre for the Arts**	チュランノセンタフォザアーツ
フォー シーズンズ センター フォア ザ パフォーミング アーツ	**Four Seasons Centre for the Performing Arts**	フォシーザンズセンタフォザパフォーミングアーツ

暦, イベント, 祭り
Calendar, Events, Festivals
カレンダ、イヴェンツ、フェティヴァルズ
Calendrier, Évènements, Fêtes

あけましておめでとう！
Happy New Year!
ハッピヌイーア
Bonne Année!

祝祭日
public holiday
パブレイクホリデー
jour férié

ケベック・ウィンター・カーニバル
Quebec Winter Carnival
クウェベックウィンタカーニヴァル
Carnival de Québec

セント・ローレンス川で、カヌーレースやイルミネーション・パレードなど。

カルガリー・ウィンター・フェスティバル
Calgary Winter Festival
カルガリウィンタフェスティヴァル
Calgary Winter Festival (m)

市内のオリンピック・パークなどで、200を超えるイベントが開催される。

元旦
New Year's Day
ヌーイーアズデー
le jour de l'an

クリスマス・キャロルシップパレード・オブ・ライツ
Carol Ships, Parade of Lights
カロルシップス、パレードヴライツ
Carol Ships, Parade of Lights

バンクーバー在住の船のオーナーが、各船舶を装飾しバンクーバー近海をパレード。ボート会社がディナークルーズを開催。

1月 January ジャニュエリ janvier (m)	2月 February フェビュエリ février (m)
12月 December ディセンバ décembre (m)	冬 winter ウィンタ hiver (m)
11月 November ノヴェンバ novembre (m)	秋 fall フォール automne (m)
10月 October オクトーバ octobre (m)	9月 September セプテンバ septembre (m)

ナイアガラ・ウィンター・フェスティバル・オブ・ライツ
Winter Festival of Lights
ウィンタフェスティバルオブライツ
Winter Festival of Lights

ナイアガラの町全体がライトアップされる。ナイアガラの滝のイルミネーションは氷の神殿のようで感動的。

オクトーバーフェスト
Oktoberfest
オクトーバフェスト
Oktoberfest

ドイツ系移住者の本拠地キッチナーで、本場ミュンヘンに次ぐ規模のビール祭りを開催。20以上のビヤホール・テントが。

トロント国際映画祭
Toronto International Film Festival
チュラノインタナショナルフィルムフェスティヴァル
Fête des Films Internationale du Toronto

カンヌ映画祭に次ぐ規模の国際映画祭。映画製作の盛んなトロントに、招待客や監督などが集まり、映画一色になる。

使える！ワードバンク　お祝い編

連休	お誕生日おめでとう	Happy Birthday!	ハッピーバースデー
long weekend ロングウィッケンド long week-end (m)	結婚おめでとう	**Congratulations on your marriage!** コングラチュレションズオンヨアメーリジ	

メープルシロップ・フェスティバル
Maple Syrup Festival
メープルシロップフェスティバル
Maple Syrup Festival (m)

メープルの樹液を収穫しメープルシロップをつくる、シュガリング・オフの作業が見られる。できたてのシロップの試食も。

ナイアガラ・オン・ザ・レイク・ショー・フェスティバル
Shaw Festival
シャーフェスティヴァル
Shaw Festival (m)

ジョージ・バーナード・ショーの作品を中心に上演する演劇祭。町の5つの劇場で5カ月にわたり上演する。

3月
March
マルチ
mars (m)

4月
April
エイプリル
avril (m)

カナディアン・チューリップ・フェスティバル
Canadian Tulip Festival
カネイディアントゥリップフェスティヴァル
Festival canadien des tulipes (m)

春
spring
スプリーング
printemps (m)

5月
May
メイ
mai (m)

シャーロットタウン・フェスティバル
Charlottetown Festival
シャーロッタウンフェスティヴァル
Charlottetown Festival (m)

夏
summer
サマ
été (m)

6月
June
ジュン
juin (m)

8月
August
オガスト
août (m)

7月
July
ジュライ
juillet (m)

カルガリー・スタンピード
Calgary Stampede
カルガリスタンピード
Calgary Stampede (m)

モントリオール国際ジャズ・フェスティバル
Montreal International Jazz Festival
モントリオールインタナショナルジャズフェスティバル
Festival International de Jazz de Montréal (m)

カナディアン・ナショナル・エキシビション
CNE
シエヌイ
CNE (f)

フォークロラマ
Folklorama
フォックロラーマ
Folklorama (m)

モントリオール世界映画祭
Montreal World Film Festival
モンチュリアルワールドフィルムフェスティバル
Festival des films du monde (m)

伝えよう

同じ英語でもアメリカとはちょっと違う。さらにフランス語も公用語だし、各国からの移住者の言葉も使われているのです。

Eh（エイ）

カナダ英語とアメリカ英語の違いは

カナダ英語が会話の最後に eh（エイ）をつけること

It's good weather, today, eh

It's good weather, today

こっちだ！

日本人には、「え？」と聞き返されているように聞こえてしまいます

Welcome to Canada, eh

え？

何？

さまざまなカナダ

カナダの公用語は
フランス語と英語

ENGLISH
FRANÇAIS

でも、普通は英語を話せれば大丈夫

ここに行きたいんですけど

しかし、ケベックではフランス語が主流です
町のたたずまいもフランス風、看板もフランス語

CRÊPERIE
RESTAURANT

別の国を旅行してるみたいだね

これがバンクーバーとなると、「ホンクーバー」と呼ばれるほど
香港からの移住者が多いので、漢字表記があちこちに

数字, 序数
Numbers, Ordinals
ナンバーズ、オアディナルズ
Numéros, Ordinals

0	0	**zero** ゼィロ / zéro
1	1	**one** ワン / un
0.1	**zero point one** ゼィロポイントワン / zéro virgule un (0,1)	
十	**ten** テン / dix	
百	**hundred** ハンジュレド / cent	
千	**thousand** サウザンド / mille	
万	**ten thousand** テンサウザンド / dix mille	
十万	**hundred thousand** ハンジュレドサウザンド / cent mille	
百万	**million** ミリオン / million	
億	**hundred million** ハンジュレドミリオン / cent millions	
2	2	**two** テゥ / deux
3	3	**three** スリ / trois
4	4	**four** フォア / quatre
5	5	**five** ファイヴ / cinq
6	6	**six** セィクス / six
7	7	**seven** セヴェン / sept
8	8	**eight** エイット / huit
9	9	**nine** ナイン / neuf

11 eleven イレヴェン onze	| **ひとくちコラム** 単位について 公式にはメートル法を採用しているが、まだマイルやポンドの表示も混在している。若者は肉の重さをグラムで言い、父親はポンドで言うという具合に、世代交代の途中らしい。道路標識はキロ表示なので、日本人にはなじみやすい。	
12 twelve テゥウェルヴ douze	**1番目** first ファスト premier(-ère)	**1階** first floor ファストフロア premier étage (m)
13 thirteen サッティーン treize	**2番目** second セコンド deuxième	**32丁目** 32nd Avenue サーティセコンドアヴェニュー 32ème Avenue (f)
14 fourteen フォッティーン quatorze	**3番目** third サード troisième	**3分の1(1/3)** one third ワンサード tiers (m)
15 fifteen フィフッティーン quinze	**4番目** fourth フォウルス quatrième	**4分の1(1/4)** one quarter ワンクオータ quart (m)
16 sixteen セィクスティーン seize	**0.5(1/2=半分)** half ハフ demi(-e)	**5番街** fifth avenue フィフスアヴェニュー 5ème quartier (m)
17 seventeen セヴェンティーン dix-sept	**66セント** sixty-six cents セィクスティシクスセンツ soixante-six cents	
18 eighteen エイッティーン dix-huit	**666ドル** six hundred and sixty-six dollars セィクスハンジュレドアンセィクスティセィクスドラズ six cent soixante-six dollers	
19 nineteen ナインティーン dix-neuf	**いくつ?** How many? ハウメニ Combien?	**いくら?** How much? ハウマッチ Combien?
20 twenty テゥウェンティ vingt	| **ひとくちコラム** 桁の大きい数字の読み方 算用数字は127,753,000というように3桁ずつカンマで区切るものだが、英語ではこのカンマがある位に名前がついている。千 (thousand)、百万 (million)、十億 (billion) を「カンマの名前」として覚えてしまおう。	

時間, 一日

Time, One Day
タイム、ワンデー
Heures, Un Jour

今、何時ですか？
Excuse me, do you have the time?
エクスキュズミ　デュユハヴザタイム？
Excusez-moi. Quelle heure est-il?

トロントには何時に着きますか？
What time will we arrive in Toronto?
ワッタイムウィルウィアライヴィンチュラント
À quelle heure arriverons-nous à Toronto?

日の出 / sunrise / サンライズ / lever du soleil (m)

午前 / morning / モーニング / matin (m)

朝 / morning / モーニング / matin (m)

1時	one A.M.	ワネイエム	une heure (f)
2時	two A.M.	テゥエイエム	deux heures (f)
3時	three A.M.	スリエイエム	trois heures (f)
4時	four A.M.	フォエイエム	quatre heures (f)
5時	five A.M.	ファイヴエイエム	cinq heures (f)
6時	six A.M.	セィクセイエム	six heures (f)
7時	seven A.M.	セヴェネイエム	sept heures (f)
8時	eight A.M.	エイッテイエム	huit heures (f)
9時	nine A.M.	ナイネイエム	neuf heures (f)
10時	ten A.M.	テネイエム	dix heures (f)
11時	eleven A.M.	イレヴェネイエム	onze heures (f)
12時	noon, twelve P.M.	ヌーン、テゥウェルヴピエム	midi (m), douze heures (
0時	midnight, twelve A.M.	ミッドナイト、テゥエルヴェイエム	minuit

就寝 / bedtime / ベッタイム / coucher (m)

起床 / wake up / ウェーカップ / réveil (m)

朝食 / breakfast / ブレックフェスト / petit déjeuner (m)

出社 / go to work / ゴトゥワーク / aller au bureau

モントリオール中央駅まで何分かかりますか？
How long will it take to Montreal's Central Station?
ハウロングウィルイッテークトゥモンチュリアルズセンチュラルステーション
Combien de temps faut-il à Montréal Gare Centrale?

35分間です
35 minutes.
サティファイヴミニッツ
35 minutes.

何時間かかりますか？
How long will it take?
ハウロングウィルイッテーク
Combines de temps faut-il?

3時24分です
3 hours and 24 minutes.
スリアワズアンテゥウェンティフォミニッツ
3 heures et 24 minutes.

午後3時ごろです
Three in the afternoon.
スリインザアフタヌーン
À environs 3 heures de l'après-midi.

4時45分
Four forty-five
フォフォティファイヴ
cinq heures moins le quart

4時5分
Four Oh Five
フォオファイヴ
quatre heures cinq

4時30分
Four thirty
フォサーティ
quatre heures et demi

4時15分
Four fifteen
フォフィフティーン
quatre heures et quart

昼	午後	夕方	夜
noon	**afternoon**	**evening**	**night**
ヌーン	アフタヌーン	エヴェニング	ナイト
midi (m)	après-midi (m)	soir (m)	nuit (f)

13時	15時	17時	19時	21時	23時
one P.M.	**three P.M.**	**five P.M.**	**seven P.M.**	**nine P.M.**	**eleven P.M.**
ワンピエム	スリピエム	ファイヴピエム	セヴェンピエム	ナインピエム	イレヴェンピエム
treize heures (f)	quinze heures (f)	dix-sept heures (f)	dix-neuf heures (f)	vingt-et-une heures (f)	vingt-trois heures (f)

| 13時 | 14時 | 15時 | 16時 | 17時 | 18時 | 19時 | 20時 | 21時 | 22時 | 23時 | 24時 |

14時	16時	18時	20時	22時	24時
two P.M.	**four P.M.**	**six P.M.**	**eight P.M.**	**ten P.M.**	**midnight, twelve A.M.**
テゥピエム	フォピエム	セィックスピエム	エイットピエム	テンピエム	ミッドナイト、テゥエルヴェイエム
quatorze heures (f)	seize heures (f)	dix-huit heures (f)	vingt heures (f)	vingt-deux heures (f)	minuit (m), vingt-quatre heures (f)

昼食	退社	夕食	だんらん
lunch	**leave work**	**dinner**	**family dinner**
ランチ	リーヴワーク	ディナー	ファミリディナー
déjeuner (m)	sortir du bureau	dîner (m)	intimité de la famille (f)

7時に起こしてください
Please wake me at 7 A.M.
プリーズウェークミアットセヴェネイエム
Pouvez-vous me réveiller à 7 heures?

10時までに帰ります
I'll be back by 10 A.M.
アイルビバックバイテネイエム
Je vais retourner a 10 heures.

使える！ワードバンク — 時間編

午前8時	**8 A.M.** エイティエイエム
午後8時	**8 P.M.** エイットピエム
1秒間／2秒間	**one second／two seconds** ワンセコンド／テゥセコンズ
1分間／2分間	**one minute／two minutes** ワンミニット／テゥミニッツ
1時間／2時間	**one hour／two hours** ワンアワ／テゥアワズ

年, 月, 日, 曜日

Years, Months, Dates, Days
イアズ、モンッス、デーツ、デーズ
Années, Mois, Dates, Jours

いつカナダに来ましたか?
When did you come to Canada?
ウェンディッジュコムテゥカナダ
Quand est-ce que vous venez à Canada?

5月1日です
On May 1st.
オンメーファスト
Le 1 Mai.

水曜日です
On Wednesday.
オンウェンズデー
Mercredi.

いつまで滞在しますか?
How long are you staying?
ハウロングアリュステーイング
Combien de temps séjournez-vous?

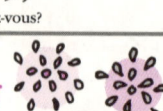

1月 **January** ジャニュエリ janvier (m)	**7月** **July** ジュライ juillet (m)	**月曜日** **Monday** モンデー lundi (m)
2月 **February** フェビュエリ février (m)	**8月** **August** オグスト août (m)	**火曜日** **Tuesday** テュズデー mardi (m)
3月 **March** マルチッ mars (m)	**9月** **September** セップテンバ septembre (m)	**水曜日** **Wednesday** ウェンズデー mercredi (m)
4月 **April** エープリル avril (m)	**10月** **October** オックトーバ octobre (m)	**木曜日** **Thursday** サーズデー jeudi (m)
5月 **May** メー mai (m)	**11月** **November** ノッヴェンバ novembre (m)	**金曜日** **Friday** フライデー vendredi (m)
6月 **June** ジュン juin (m)	**12月** **December** ディッセンバ décembre (m)	**土曜日** **Saturday** サタデー samedi (m)
		日曜日 **Sunday** サンデー dimanche (m)

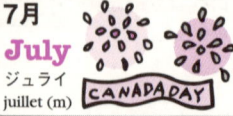

1 2 3 4 5 6 7 8 9 10 11 12 13 14 15

○日前	○カ月前	○年前
○ days ago	○ months ago	○ years ago
○ デーザゴ	○ モンザゴ	○ アーザゴ
il y a ○ jours	il y a ○ mois	il y a ○ années

きのう	先月	去年
yesterday	**last month**	**last year**
イェスタデー	ラストモンス	ラスチアー
hier	le mois dernier (m)	l'année dernière (f)

きょう	今月	今年
today	**this month**	**this year**
トゥデー	セィッスモンス	セィッスイアー
aujourd'hui	ce mois (m)	cette année (f)

あした	来月	来年
tomorrow	**next month**	**next year**
トゥッモロー	ネクストモンス	ネクスチアー
demain	le mois prochain (m)	l'année prochaine (f)

○日後	○カ月後	○年後
○ days from now	○ months from now	○ years from now
○ デーズフロムナウ	○ モンッスフロムナウ	○ イアーズフロムナウ
dans ○ jours	dans ○ mois	dans ○ années

どれくらい

何日間？	何週間？	何カ月間？	何年間？
How many days?	How many weeks?	How many months?	How many years?
ハウメニデーズ	ハウメニウィクス	ハウメニモンッス	ハウメニイアーズ
Combien de jours?	Combien de semaines?	Combien de mois?	Combien d'années?
▼	▼	▼	▼
○日間	○週間	○カ月間	○年間
○ days	○ weeks	○ months	○ years
○ デーズ	○ ウィクス	○ モンッス	○ イアーズ
○ jours	○ semaines	○ mois	○ années

いつ

何日？	何月？	何曜日？
What date?	What month?	What day?
ワットデート	ワットモンス	ワットデー
Quelle date?	Quel mois?	Quel jour?
▼	▼	▼
○日	○月	○曜日
the ○th (st/rd)	○(May)など	○(Tuesday)など
ザ ○ッス（ッストノルド）	○	○
Le ○.	○	○

ひとくちコラム

サマータイムにご用心

カナダはサマータイムを導入しているので、切り替えの週に滞在する人は要注意だ。夏時間がはじまる3月第2日曜の午前2時（土曜の深夜）に時計を1時間進め、11月第1日曜に戻せばよいのだが、何年も住んでいる人でも、うっかり忘れて1時間遅刻したり、月曜の朝誰もいないオフィスで呆然……なんてことがある。なお英語では、daylight saving timeと呼ぶ。

16 17 18 19 20 21 22 23 24 25 26 27 28 29 30 31

家族，友達，性格

Family, Friends, Personality
ファミリ、フレンズ、パソナリティ
Famille, Amis, Personnalité

あなたには兄弟姉妹がいますか？
Do you have any brothers or sisters?
デュユハヴェニブラーザゾアセィスタズ♪
Est-ce que vous avez des frères ou sœurs?

はい。兄弟(姉妹)が1人います
Yes, I have one brother (sister).
イェス アイハヴワンブラーザ（セィスタ）
Oui, j'ai un frère (une sœur).

| 祖父 **grandfather** グランドファザ grand-père (m) | 私の家族 **My Family** マイファミリ Ma Famille (f) | 祖母 **grandmother** グランドマザ grand-mère (f) |

| おじさん **uncle** アンクル oncle (m) | 父 **father** ファザ père (m) | 母 **mother** マザ mère (f) | おばさん **aunt** アント tante (f) |

| 兄弟 **brother** ブラーザ frère (m) | 私 **I/me** アイ／ミ je/moi | | 姉妹 **sister** セィスタ sœur (f) |

| 息子 **son** サン fils (m) | 夫 **husband** ハズバンド mari (m) | 妻 **wife** ワイフ femme (f) | 娘 **daughter** ドータ fille (f) |

| 子供 **child (-ren)** チャイルド（チルジュレン） enfant(s) (m,f) | 両親 **parents** ペーレンツ parents (m,pl) | 夫婦 **couple** カップル couple (m) | 孫 **grandchild** グランドチャイルド petite-fille (f), petit-fils (m) |

| 義理の（両親） **in-laws** インローズ belle-famille (f) | いとこ **cousin** カーゼィン cousin (m) | 少年 **boy** ボイ garçon (m) | 男の人 **man** マン homme (m) |

| 甥 **nephew** ネフュー neveu (m) | 姪 **niece** ニース nièce (f) | 少女 **girl** ガール petite fille (f) | 女の人 **woman** ウーマン femme (f) |

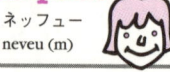

男性の友だち
male friend
メルフレンド
ami (m)

女性の友だち
female friend
フィメルフレンド
amie (f)

恋人
boyfriend/girlfriend
ボイフレンド／ガールフレンド
amoureux(-se) (m,f)

あなた
you
ユ
tu/vous

同級生
classmate
クラスメイト
camarade de classe (m,f)

同僚
colleague
カーリグ
collègue (m,f)

赤ちゃん
baby
ベイビ
bébé (m)

親類
relatives
レラティヴス
parent(e) (m,f)

ひとくちコラム
先輩、後輩はない？
カナダでは先輩、後輩という呼びかけはされない。あえて言うとするならば、先輩は「senior」、後輩は「junior」である。ただしそれは「強いて言うならば」ということであって、呼びかけとしては使わないのが普通であり、日本人の感覚とは違うところだと言える。

彼（彼女）は私の○○です
He (She) is my ○○.
ヒ（シ）イズマイ ○○
Il (Elle) est mon (ma) ○○.

あなたは○○な人ですね
You're a very ○○ person, aren't you.
ユーラヴェリ ○○ パーソン アルンチュ↗
Vous êtes une personne très ○○.

○○な人が好きです
I like ○○ people.
アイライク ○○ ピープル
J'aime les personnes ○○.

使える！ワードバンク ―形容詞編―

優しい	gentle	ジェントル
厳しい	harsh	ハーシュ
下品な	crude	クルード
上品な	polite	ポライト
ケチな	cheap	チープ
気前のいい	generous	ジェナラス
臆病な	gutless	ガットレス
勇敢な	brave	ブレーヴ
魅力的な	charming	チャーミング
楽しい	fun	ファン
親切な	kind	カインド
賢い	smart	スマート

明るい
bright
ブライト
joyeux(-se)

のんびりした
relaxed
リラクスド
détendu(-e)

女らしい
feminine
フェミニン
féminin(-e)

暗い
dark
ダーク
sombre

短気な
short-tempered
ショートテンパード
coléreux(-se)

男らしい
masculine
マスキュリン
masculin(-e)

趣味，職業

Hobbies, Work
ホービズ、ワーク
Passe-temps, Travail

あなたの趣味は何ですか?
What are your hobbies?
ワッターヨホービズ
Quel est votre passe-temps?

ハイキングです。あなたは?
I like hiking. What about you?
アイライクハイキング　ワッタバウッチュ
J'aime la randonnée. Et vous?

私はアイスホッケーをするのが好きです
I play hockey.
アイプレーホーキ
Je joue le hockey.

いつかプレイのしかたを教えてください
Please show me how to play some time.
プリーズショミハウテゥプレーサムタイム
Dites-moi comment on joue le hockey, s'il vous plaît.

音楽鑑賞	映画鑑賞	読書
listening to music	**watching movies**	**reading**
リセンイングテゥミュセィック	ワッチングムーヴィズ	リーディング
écouter la musique	regarder les films	lecture (f)

ショッピング	旅行	ガーデニング
shopping	**travel**	**gardening**
ショッピング	チュラーヴェル	ガーデニング
faire des courses	voyage (m)	jardinage (m)

写真	アニメ／マンガ	ビリヤード
photography	**cartoons/comics**	**pool**
フォターグラフィ	カテゥーンズ／コミクス	プール
photographie (f)	dessin animé/bande dessinée (m)/(f)	billard (m)

私は文学を学んでいます
I'm studying literature.
アイムスターディイングリティラチュア
J'étudie la littérature.

	法律
	law
	ロー
	droit (m)

工学	医学	経済学
engineering	**medicine**	**economics**
エンジニーリング	メディセィン	イコノミクス
ingénierie (f)	médecine (f)	économie (f)

私は○○関係の会社に勤めています
I work in a ○○ company.
アイワークイナ○○コンパニ
Je travaille dans une compagnie ○○.

不動産業
real estate
リーアレステート
immobiliers (m)

コンサルティング
consulting
コンサルティング
conseil (m)

製造業
manufacturing
マニュファックチュリング
industrie (f)

商社
trading company
チュレーディングコンパニ
société commerciale (f)

金融
finance
ファイナンス
finance (f)

建築
construction/architecture
コンスチュラクション/アーキテクチュア
bâtiment/architecture (m)/(f)

マスコミ
media
ミディア
médias (m,pl)

マーケティング
marketing
マーケティング
marketing (m)

IT
IT
アイティ
informatique (f)

食品
food
フード
aliment (m)

私は○○です
I'm a ○○.
アイマ ○○
Je suis un(-e) ○○.

通訳
interpreter
エンタープレタ
interprétariat (m)

システムエンジニア
systems engineer
セィッステムゼンジネーア
ingénieur système (m)

医者
doctor
ドクタ
médecin (m)

看護師
nurse
ナース
infirmier (m)

美容師
beautician
ビュティション
esthéticien (m)

秘書
secretary
セクレテリ
secrétaire (m,f)

経営者
manager
マーネジャ
directeur(-trice)

教師
professor
プロフェッサ
professeur (m)

調理師
chef
シェッフ
guépard (m)

会計士
accountant
アカウンタント
comptable (m,f)

使える！ワードバンク — 職業編

運転手	driver	ドライヴァ
販売員	sales person	セールズパーソン
エンジニア	engineer	エンジニーア
スポーツ選手	athlete	アッスリット
ミュージシャン	musician	ミュセィシャン
銀行員	bank employee	バンクエンプロイ
公務員	civil servant	セィヴァルサーヴァント
コンサルタント	consultant	コンサルタント
デザイナー	designer	デザイナ
軍人	military member	ミリテリメンバ
政治家	politician	ポリティシャン

自然, 動植物

Nature, Flora and Fauna
ネイチュア、フローラ、フォーナ
Nature, la Faune et la Flore

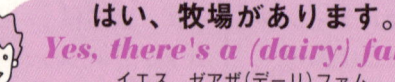

> 近くにファームステイできるところはありますか?
> *Are there any farmstays near hear?*
> アーゼアエニファムステーズニアヒア♪
> Est-ce il y a les fermes auberges près d'ici?

> はい、牧場があります。
> *Yes, there's a (dairy) farm.*
> イエス ゼアザ(デーリ)ファム
> Oui, il y a une laiterie.

> 動物が好きなのでぜひいってみたいです。
> *I like animals, so I'd love to go visit.*
> アイライクアニマルズ ソアイドラヴトゥゴヴィゼット
> Je veux visiter parce que j'aime les animaux.

> ここから車で1時間ほどです。
> *It's about an hour by car.*
> イッツアバウトアンアワバイカー
> C'est vers une heure en voiture.

オーロラ
aurora
アローラ
aurore (f)

星
star
スター
étoile (f)

月
Moon
ムン
Lune (f)

谷
valley
ヴァーリ
vallée (f)

森
forest
フォレスト
forêt (f)

岩
stone
ストン
pierre (f)

羊
sheep
シープ
mouton (n)

湖
lake
レーク
lac (m)

虹
rainbow
レーンボ
arc-en-ciel (m)

田舎
country
カンチュリー
campagne (f)

野原
meadow
メードー
prairie (f)

牛
cow
カウ
vache (f)

島
island
アイランド
île (f)

岬
headland
ヘッドランド
promontoire (m)

畑
field
フィールド
champ (m)

海
sea/ocean
セィー/オシャン
mer/océan (f)/(m)

湾
bay
ベイ
baie (f)

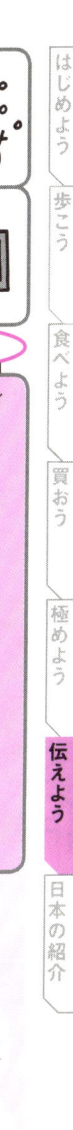

| 晴れ **clear** クリーア clair(-e) | 曇り **cloudy** クラーウディ couvert(-e) | 雨 **rain** レーン pluie (f) | 雪 **snow** スノウ neige (f) |

| 霧 **fog** フォグ brouillard (m) | 雷 **thunder** サーンダ tonnerre (m) | 天気予報 **weather forecast** ウェーザフォーカスト météo (f) |

| 暑い **hot** ホット chaud(-e) | 暖かい **warm** ウォーム dou<u>x</u>(-ce) |

寒い
cold
コールド
froid(-e)

使える！ワードバンク 自然編

都会	**town/city** タウン／セィティ
村	**village** ヴィーラジュ
平野	**plain** プレーン
風	**wind** ウィンド
ブタ	**pig** ピグ
ウサギ	**rabbit** ラビット
馬	**horse** ホース
ヤギ	**goat** ゴート
キツネ	**fox** フォックス
鶏	**chicken** チッケン
アヒル	**duck** ダック
ヘビ	**snake** スネーク
カメ	**turtle** タートル
カエル	**frog** フローグ
虫	**bug** バッグ
ミツバチ	**bee** ビー

空
sky
スカーイ
ciel (m)

太陽
Sun
サン
soleil (m)

山
mountain
マウンテン
montagne (f)

丘
hill
ヒル
colline (f)

林
forest
フォレスト
forêt (f)

滝
waterfall
ワタフォール
cascade (f)

牧場
farm
ファーム
ferme (f)

川
river
リヴァ
fleuve (m)

花畑
field of flowers
フィルドオヴフラーワズ
champ de fleurs (m)

木
tree
チューリー
arbre (m)

葉
leaves
リーヴズ
feuille (f)

枝
branch
ブランーチュ
branche (f)

実
fruit
フルット
fruit (m)

幹
trunk
チュランク
tronc (m)

根
root
ルート
racine (f)

家, 暮らし
Home, Living
ホーム、リヴィング
Maison, la Vie

きれいな家ですね
You have a beautiful house.
ユハヴァビュティフルハウス
Vous avez une belle maison.

ありがとう
Thank you.
サンキュ
Merci.

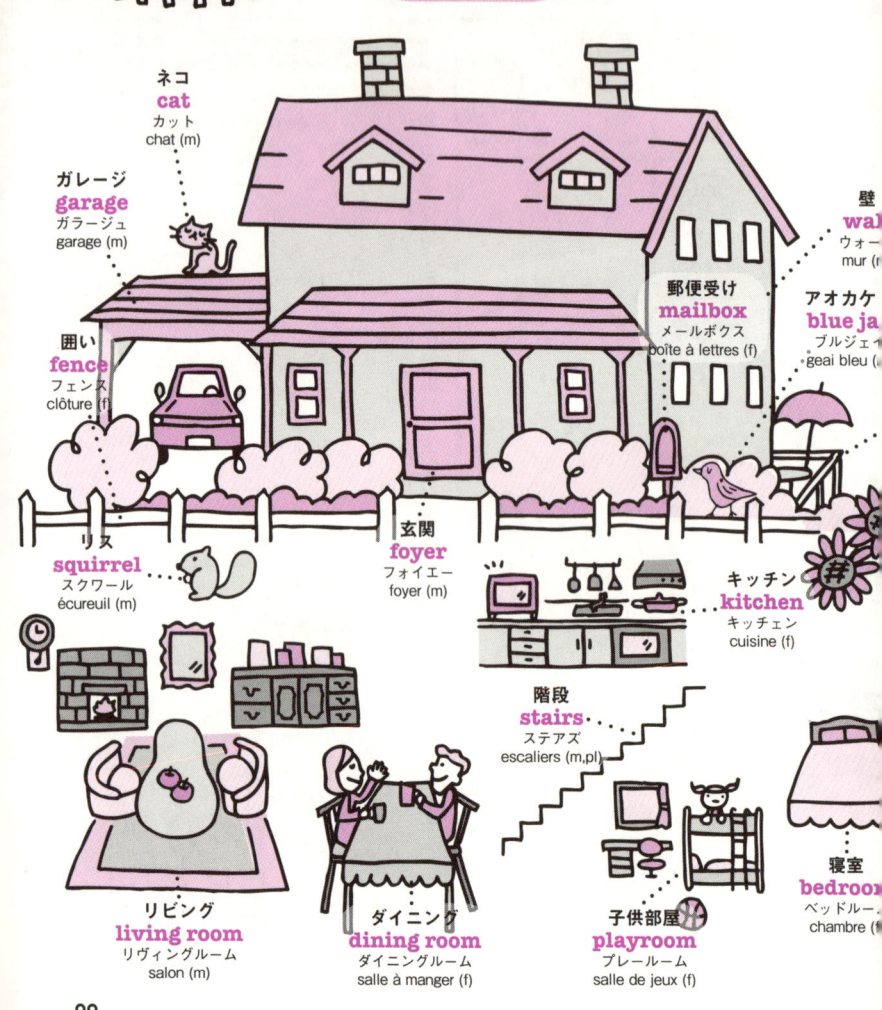

ネコ
cat
カット
chat (m)

ガレージ
garage
ガラージュ
garage (m)

郵便受け
mailbox
メールボックス
boîte à lettres (f)

壁
wall
ウォー
mur (m)

アオカケ
blue jay
ブルジェ
geai bleu (m)

囲い
fence
フェンス
clôture (f)

リス
squirrel
スクワール
écureuil (m)

玄関
foyer
フォイエー
foyer (m)

キッチン
kitchen
キッチン
cuisine (f)

階段
stairs
ステアズ
escaliers (m,pl)

寝室
bedroom
ベッドルーム
chambre (f)

リビング
living room
リヴィングルーム
salon (m)

ダイニング
dining room
ダイニングルーム
salle à manger (f)

子供部屋
playroom
プレールーム
salle de jeux (f)

98

今夜、我が家で一緒に食事をしませんか？
Do you want to have dinner at my place tonight?
ドゥユワントゥハヴディナアットマイプレーストゥナイト♪
Voulez-vous manger avec ma famille ce soir?

ありがとう。伺わせていただきます
Thanks, I'd love to.
サンクス アイドラーヴトゥ
Merci beaucoup. Je veux bien aller.

すみません。別の予定があります
Ah, sorry. I have plans.
アッー ソーリ アイハヴプランーズ
C'est dommage mais j'ai un autre rendez-vous.

ステキなインテリアですね
The interior design is great.
ザインティリアデザインイズグレート
Le design est superbe!

トイレを貸してください
Can I use your bathroom?
カナイユズヨアバスルーム♪
Puis-je utiliser les toilettes?

蝶
butterfly
バッタフライ
papillon (m)

バルコニー
balcony
バルコニ
balcon (m)

イヌ
dog
ドッグ
chien (m)

ヒマワリ
sunflower
サンフラーワ
tournesol (m)

バスルーム
bathroom
バスルーム
salle de bain (f)

トイレ
toilet
トイレット
toilettes (f,pl)

使える！ワードバンク　暮らし編

鏡	mirror	ミロール
ティッシュペーパー	tissue	ティッシュ
テーブル	table	テブル
ソファー	couch	カウチュ
たんす	dresser	ジュレッサー
クローゼット	closet	クローゼト
本棚	bookcase	ブッケース
デスク	desk	デスク
椅子	chair	チェアー
オーブン	oven	オヴェン
ガスレンジ	gas stove	ガスストーヴ
電子レンジ	electric stove	イレクチュリックストーヴ
冷蔵庫	fridge	フリッジュ
洗面台	sink	シンク
物置	closet	クローゼト
洗濯機	washing machine	ワシングマッシン
掃除機	vacuum	ヴァーキュム
エアコン	air conditioner	エアコンディショナー
ストーブ	stove	ストーヴ
インターホン	intercom	インタコム

疑問詞, 助動詞, 動詞

Questions, Modals, Verbs
クウェスチョンズ、モーダルズ、ヴァーブズ
Questions, Modales, Verbes

今日、時間がありますか？よかったら映画に行きましょう
Are you free today? Do you want to go to a movie?
アユフリートゥデー♪
ドゥユワントゥゴトゥアムーヴィ♪
Êtes-vous libre d'aller au cinéma aujourd'hui?

すみませんが、行けません
Sorry, I can't.
ソーリ アイカントゥ
Je m'excuse mais je ne peux pas.

いいですよ。いつ、どこで待ち合わせますか？
Sounds good. Where and when do you want to meet?
サウンズグッド ウェアーアンドウェンドゥユワントゥミート
D'accord. Où et quand est-ce que vous voulez retrouver?

18時にユニオン駅の入口で待っています
I'll be in front of Union station at 6P.M..
アイルビインフロントオヴユニオンステーションアットシクスピーエム
J'attendrai à l'entrée de Gare Union à 18 heures.

了解しました
Got it.
ゴッティット
D'accord.

少し時間に遅れるかもしれません
I might be a bit late.
アイマイットビアビットレート
Je serais peut-être en retard.

遅れる場合は、私の携帯に電話をください
If you're going to be late, call me on my cell.
イフユアゴイングトゥビレート コールミオンマイセル
Si vous serez en retard, appelez-moi sur mon mobile.

いくら？	いつ？	どこ？
How much? ハウマッチ Combien?	**When?** ウェン Quand?	**Where?** ウェア Où?
だれ？	何（を）？	どうやって？
Who? フ Qui?	**What?** ワット Quel? Quoi?	**How?** ハウ Comment?
なぜ？	どこへ？	どれ？
Why? ワイ Pourquoi?	**Where to?** ウェアトゥ Où?	**Which?** ウィッチ Lequel?

見る	look/see	ルーク／シー	voir
食べる	eat	イート	manger
泊まる	stay	ステー	séjour
買う	buy	バイ	acheter
乗る	get on	ゲットン	monter
座る	sit	シット	s'asseoir
行く	go	ゴ	aller
来る	come	カム	venir
飲む	drink	ジュリンク	boire
探す	look for	ルークフォア	chercher
選ぶ	choose	チューズ	choisir
話す	talk	トーク	parler
書く	write	ライト	écrire
あげる	give	ギヴ	donner
尋ねる	ask	アスク	demander
確認する	confirm	コンファーム	confirmer
両替する	exchange	エクスチェージュ	échanger
連絡する	contact	コンタクト	contacter
出る	leave	リーヴ	sortir/partir
入る	enter	エンター	entrer
上げる	raise	レーズ	lever
下げる	lower	ローワ	baisser
押す	push	プッシュ	pousser
引く	pull	プール	tirer
歩く	walk	ウォーク	faire à pied
起きる	wake up	ウェーカップ	réveiller
寝る	sleep	スリープ	dormir
走る	run	ラン	courir
休む	rest	レスト	reposer

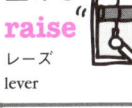

使える！ワードバンク 基本フレーズ編

〜していただけますか？	Could you …?	クッジュ♪
〜をしたいのですが	I'd like to…	アイドライクトゥ
〜してもいいですか？	May I…?	メイアイ♪
〜しなくてはなりません	I have to…	アイハヴトゥ
〜できますか？	Can I…?	カナイ♪
予約する必要はありますか？	Do I have to make a reservation?	ドゥアイハヴトゥメーカレザヴェイション♪

反意語, 感情表現

Opposites, Expressing Feelings
オッポゼッツ、
エクスプレッシングフィーリングズ
Les Contraires, Montrer les Sentiments

新しい **new** ヌー nouveau (nouvelle) ↕ 古い **old** オルド vieux (vieille)	長い **long** ロング long(-gue) ↕ 短い **short** ショート court(-e)
熱い **hot** ホット chaud(-e) ↔ 冷たい **cold** コルド froid(-e)	強い **strong** スチュローング fort(-e)/puissant(-e) ↔ 弱い **weak** ウィーク faible
広い **wide** ワイド large ↔ 狭い **narrow** ネーアロ étroit(-e)	重い **heavy** ヘヴィ lourd(-e) ↔ 軽い **light** ライト léger(-ère)
明るい **bright** ブライト vif (vive) ↔ 暗い **dark** ダーク sombre	静かだ **quiet** クワイエト silencieux(-se) ↔ うるさい **loud** ラウド fort(-e)
進む **advance** アッドヴァンス avancer ↔ 戻る **return** リターン revenir/retourner	高い **high/tall** ハイ／トール grand(-e)/haut(-e) ↔ 低い **low/short** ロー／ショート bas(-se)/court(-e)
高い **expensive** エクスペンシヴ cher(-ère) ↔ 安い **cheap** チープ bon marché	多い **many/much** メニ／マッチ nombreux(-se) ↔ 少ない **few/little** フュー／リトル peu nombreux(-se)
厚い **thick** シック épais(-se) ↔ 薄い **thin** シン mince	太い **fat** ファット gros(-se) ↔ 細い **thin** シン maigre
速い **fast** ファスト rapide ↔ 遅い **slow** スロー lent(-e)	近い **near** ニア proche ↔ 遠い **far** ファー lointain(-e)

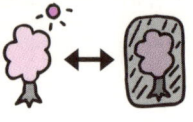

とっても◯◯です
It's very ◯◯.
イッツヴェリ◯◯
C'est très ◯◯.

さみしい
lonely
ローヌリ
solitaire

ひとくちコラム
「超」「マジ」のように使うfucking
fxxxは禁句だが、形容詞のfuckingは別のニュアンスで使われる。単に「すごい」という意味だから、過剰反応しないこと。Fucking great!などという。

楽しい
fun
ファン
amusant(-e)

面白い
funny
ファンニ
drôle

つまらない
boring
ボーリング
ennuyeux(-se)

うれしい
happy
ハッピ
heureux(-se)

悲しい
sad
サッド
triste

がっかり
disappointing
ディッサポインティング
déçu(-e)

すご〜い！
That's amazing!
ザッツァメージング
Incroyable!

かっこいい！
Cool!
クール
Super!

かわいい！
That's cute!
ザッツキュート
Que c'est mignon!

えっ？
What?
ワット
Quoi?

どうしよう…
What do I do…?
ワッドゥアイドゥ
Que faire?

わ〜い
Wow!
ワゥ
Hou la!

幸運を
Good luck!
グッドラック
Bonne chance!

お大事に
Take care.
テーッケーア
Soignez-vous bien.

やった〜！
I did it!
アイディッディット
Je l'ai fait!

軟らかい
soft
ソフト
moelleux(-se)

⇔

硬い
hard
ハード
dur(-e)

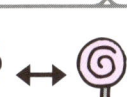

よい
good
グード
bon(-ne)

⇔

悪い
bad
バッド
mauvais(-e)

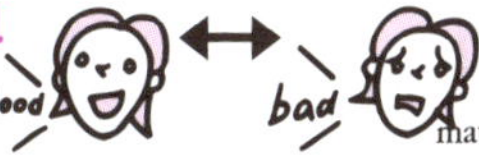

深い
deep
ディープ
profond(-e)

⇔

浅い
shallow
シャロー
peu profond(-e)

使える！ワードバンク　反意語編

簡単な	easy	イジー
難しい	hard	ハード
きれいな	clean	クリーン
汚い	dirty	ダーティ
暖かい	warm	ウォーム
涼しい	cool	クール
役立つ	helpful	ヘルプフル
役に立たない	unhelpful	アンヘルプフル
おとなしい	gentle	ジェントル
うるさい	disagreeable	ディッサグリーアブル
デジタル	digital	ディジタル
アナログ	analogue	アナログ

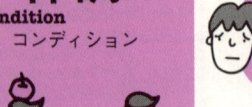

体，体調
Body, Condition
ボーディ、コンディション
Corps, État

○○にケガをしました
I hurt my ○○.
アイハートマイ○○
J'ai mal à ○○.

○○がズキズキします
My ○○ is throbbing.
マイ○○イッスロービング
Je sens des élancements dans la ○○.

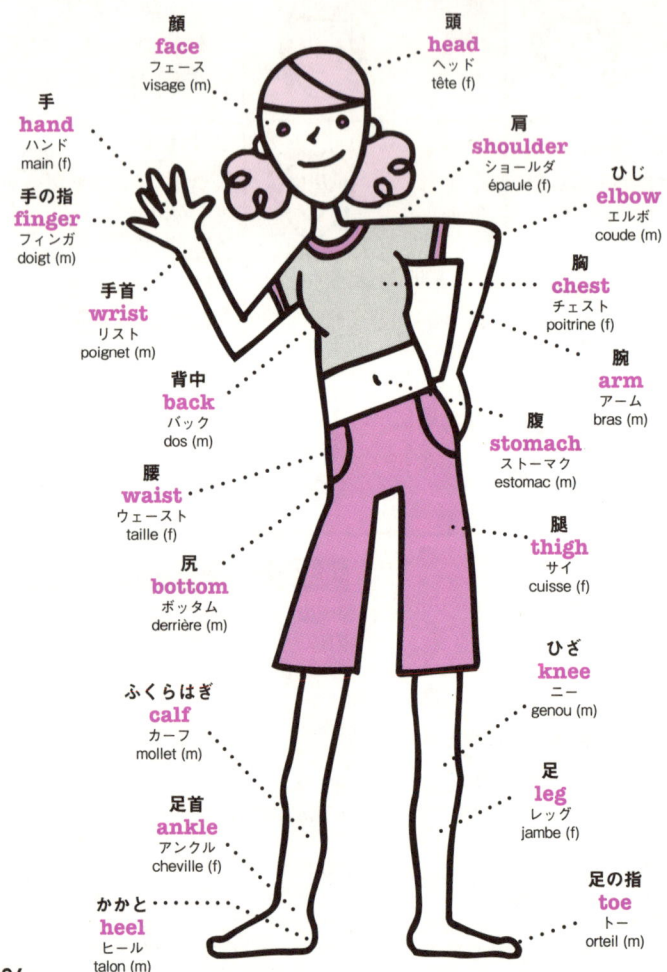

- 顔 **face** フェース visage (f)
- 頭 **head** ヘッド tête (f)
- 手 **hand** ハンド main (f)
- 肩 **shoulder** ショールダ épaule (f)
- 手の指 **finger** フィンガ doigt (m)
- ひじ **elbow** エルボ coude (m)
- 手首 **wrist** リスト poignet (m)
- 胸 **chest** チェスト poitrine (f)
- 背中 **back** バック dos (m)
- 腕 **arm** アーム bras (m)
- 腰 **waist** ウェースト taille (f)
- 腹 **stomach** ストーマク estomac (m)
- 尻 **bottom** ボトム derrière (m)
- 腿 **thigh** サイ cuisse (f)
- ふくらはぎ **calf** カーフ mollet (m)
- ひざ **knee** ニー genou (m)
- 足首 **ankle** アンクル cheville (f)
- 足 **leg** レッグ jambe (f)
- かかと **heel** ヒール talon (m)
- 足の指 **toe** トー orteil (m)

顔・体のパーツ

まゆ毛	eyebrow	アイブラウ	sourcil (m)
髪	hair	ヘア	cheveux (m,pl)
目	eye	アイ	œil (m)
鼻	nose	ノーズ	nez (m)
額	forehead	フォアヘッド	front (m)
耳	ear	イア	oreille (f)
口ひげ	moustache	マッスタシュ	moustache (f)
まつ毛	eyelash	アイラシュ	cil (m)
歯	teeth	ティース	dents (f,pl)
舌	tongue	タング	langue (f)
首	neck	ネック	cou (m)
口	mouth	マウス	bouche (f)
唇	lip	リップ	lèvre (f)
あご	chin	チン	menton (m)
のど	throat	スロート	gorge (f)
あごひげ	beard	ビアド	barbe (f)

骨	bone	ボーン	os (m)
頭蓋骨	skull	スカル	crâne (m)
アキレス腱	achilles tendon	アキリズテンドン	tendon d'Achille (m)
へそ	navel	ネイヴェル	nombril (m)
みぞおち	solar plexus	ソーラプレクッサッス	plexus solaire (m)
皮膚	skin	スキン	peau (f)
性器	genitals	ジェニタルズ	génitaux
肛門	anus	エイナス	anus (m)
関節	joint	ジョイント	articulation (f)
全身	whole body	ホールボーディ	tout le corps (m)
上半身	upper body	アッパボーディ	torse (m)
下半身	lower body	ローワボーディ	partie inférieure du corps (f)

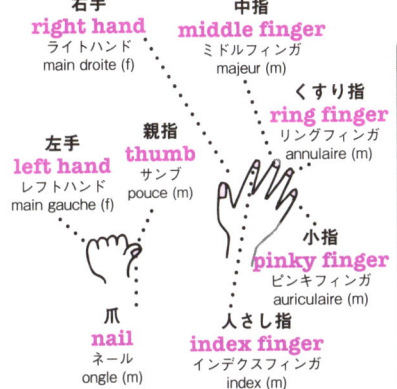

右手	right hand	ライトハンド	main droite (f)
中指	middle finger	ミドルフィンガ	majeur (m)
くすり指	ring finger	リングフィンガ	annulaire (m)
左手	left hand	レフトハンド	main gauche (f)
親指	thumb	サンブ	pouce (m)
小指	pinky finger	ピンキフィンガ	auriculaire (m)
爪	nail	ネール	ongle (m)
人さし指	index finger	インデクスフィンガ	index (m)

使える！ワードバンク 〈内臓編〉

脳	brain	ブレーン
心臓	heart	ハート
肺	lung	ラング
肝臓	liver	リヴァ
食道	esophagus	イソファガス
胃	stomach	ストマック
小腸	small intestine	スモーリンテスタイン
大腸	large intestine	ラージジンテスタイン
腎臓	kidney	キッドニ
脾臓	spleen	スプリーン
血管	blood vessel	ブラッドヴェッセル
筋肉	muscle	マッスル

病気, ケガ
Illness, Injury
イルネス、インジュリ
Maladie, Blessure

病院へ連れて行ってください
Please take me to the hospital.
プリーズテークミトゥザホッスピタル
Conduisez-moi à l'hôpital.

ここが痛いです
It hurts here.
イットハーツヒア
J'ai mal ici.

熱があります
I have a fever.
アイハヴァフィヴァ
J'ai de la fièvre.

だるいです
I feel sluggish.
アイフィルスラッギシュ
Je me sans fatiguée.

寒気がします
I have a chill.
アイハヴァチル
J'ai froide.

息苦しいです
It's hard to breathe.
イッツハードトゥブリーズ
J'ai du mal à respirer.

吐き気がします
I feel sick.
アイフィルシック
J'ai des nausées.

風邪 **cold** コルド rhume (m)	食あたり **food poisoning** フードポイソンニング empoisonnement alimentaire (m)	胃腸炎 **gastroenteritis** ガスチュロエンテライティス gastro-entérite (f)	肺炎 **pneumonia** ヌモーニア pneumonie (f)
熱中症 **heat stroke** ヒートストローク coup de chaleur (m)	疲労 **fatigue** ファティーグ épuisement (m)	盲腸炎 **appendicitis** アッペンディサイティス appendicite (f)	消化不良 **indigestion** インディジェスチョン crise de foie (f)
打撲 **bruise** ブルーズ bleu (m)	ねんざ **sprain** スプレーン entorse (f)	骨折 **bone fracture** ボンフラックチャ fracture (f)	やけど **burn** バーン brûlure (f)
私はアレルギー体質です **I have allergies.** アイハヴァラジズ Je fais l'allergie.		旅行者保険に入っています **I have travel insurance.** アイハヴチュラヴェルインシュランス J'ai une assurance de voyage.	
妊娠中 **pregnant** プレグナント enceinte	糖尿病 **diabetes** ダイアビティズ diabète (m)	高血圧 **high blood pressure** ハイブラッドプレッシャ hypertension (f)	低血圧 **low blood pressure** ローブラッドプレッシャ hypotension (f)

日本語のできる医者はいますか？
Is there a doctor here who speaks Japanese?
イゼアアドクタヒアフスピークスジャパニーズ↗
Est-ce qu'il y a un médecin qui parle le japonais?

どうしましたか？
What's wrong?
ワッツロング
Qu'est-ce qui ne va pas?

処方箋を出します
I'll give you a prescription.
アイルギッヴュアプリスクリップション
Je vous donne une ordonnance.

お腹を見せてください
Please show me your stomach.
プリーズショミヨアストマック
Montrez l'estomac, s'il vous plaît.

注射	点滴	湿布	手術
injection	**intravenous drip**	**poultice**	**surgery**
インジェクション	インチュラヴィヌスジュリップ	ポールティス	サージャリ
piqûre (f)	perfusion intraveineuse (f)	cataplasme (m)	chirurgie (f)

風邪薬	解熱剤	鎮痛剤	消毒薬
cold medicine	**fever medicine**	**pain reliever**	**antiseptic**
コルドメデシン	フィーヴァメデシン	ペーンリリーヴァ	アンティセプティック
médicament contre le rhume (m)	médicament contre la fièvre (m)	analgésique (m)	antiseptique (m)

胃薬	抗生物質	座薬	薬局
stomach medicine	**antibiotic**	**suppository**	**pharmacy**
ストマックメデシン	アンティバイオティック	サッポージトリ	ファーマシ
médicament d'estomac (m)	antibiotique (m)	suppositoire (m)	pharmacie (f)

薬は何回飲むのですか？
How often do I take the medicine?
ハウオフンドゥアイテークザメデシン
Combien de fois prend-on ces médicaments?

1日2回
Twice a day.
トゥワイスアデー
Deux fois par jour.

1回3錠
Three pills each time.
スリピルズイッチュタイム
Trois pastilles chaque fois.

食前	食間
before eating	**between meals**
ビフォーイティング	ビトゥイーンミールズ
avant les repas	entre les repas

食後	服用する
after eating	**take**
アフタイーティング	テーク
après les repas	prendre

使える！ワードバンク　病院編

病院	**hospital**	ホスピタル
医師	**doctor**	ドクタ
看護師	**nurse**	ナース
内科	**internal medicine**	インターナルメデシン
外科	**surgical medicine**	サージカルメデシン
眼科	**optometry**	オップトメチュリ
歯科	**dentistry**	デンテスチュリ

事故, トラブル

Accidents, Trouble
アックシデンツ、トラブル
Accidents, Difficultés

○○をなくしました
I lost my ○○.
アイロストマイ○○
J'ai perdu mon(ma) ○○.

○○を盗まれたようです
I think my ○○ was stolen.
アイシンクマイ○○ワズストーレン
Je pense qu'on m'a volé mon(ma) ○○.

携帯電話
cell phone
セルフォン
téléphone cellulaire (m)

お金
money
マーニ
argent (m)

パスポート
passport
パスポート
passeport (m)

財布
wallet
ウォーレット
portefeuille (m)

カメラ
camera
カメラ
caméra (f)

クレジットカード
credit card
クレッディトカード
carte de crédit (f)

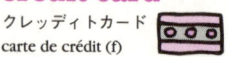

航空券
plane ticket
プレーンティッケット
billet d'avion (m)

バッグ
bag
バグ
sac (m)

スーツケース
suitcase
スイットケース
valise (f)

警察（救急車／医者）**を呼んでください**
Please call the police (ambulance/doctor).
プリーズコールザポリス（アンビュランス／ドクタ）
Appelez la police (l'ambulance, le médecin).

盗難証明（事故証明）**を作ってください**
Can you give me an incident report?
カニュウギヴミアニンセデントリポート♪
Faites-moi une déclaration de vol.

日本語のわかる人はいませんか？
Is there anyone here who can speak Japanese?
イセアエニワンヒアフカンスピークジャパニーズ♪
Est-ce qu'il y a quelqu'un qui parle le japonais?

日本大使館（総領事館）**に連絡したいのですが**
I'd like to contact the Japanese embassy (consulate).
アイドライクトゥコンタクトザジャパニーズエンバシー（コンスレット）
Je voudrais contacter l'ambassade (le consulat) du Japon.

交通事故	traffic accident	チューラーフィックアックシデント	accident de voiture (m)
信号無視	run a red light	ラナレッドライト	brûler un feu rouge
すり	pickpocket	ピックポッケット	pickpocket (m)
ひったくり	purse snatcher	パーススナッチャ	voleur de sacs à main (m)
ドロボウ	thief	シーフ	voleur (m)
痴漢	molester	モレッスタ	pervers (m,f)
火事	fire	ファイア	incendie (m)
ハリケーン	hurricane	ハリケーヌ	ouragan (m)
吹雪	blizzard	ブリザッド	blizzard (m)
洪水	flood	フラッド	inondation (f)
雪崩	avalanche	アーヴァランチュ	avalanche (f)
自然災害	natural disaster	ナチュラルディザスタ	désastre naturel (m)

弁償してください
I want compensation for this.
アイワントコンペンセーションフォアディス
Je veux une indemnisation.

車にはねられました
I was hit by a car.
アイワズヒットバイアカー
J'ai été renversé(-e) par une voiture.

私は悪くありません
I didn't do anything.
アイディデントドゥエニシング
Je ne suis pas mauvais(-e).

携帯電話を貸してください
Can I borrow your cell phone?
カナイボーロヨアセルフォン♪
Puis-je utiliser votre mobile?

緊急フレーズ

助けて！
Help!
ヘルプ
Au secours!

動くな！
Don't move!/Freeze!
ドントムーヴ／フリーズ
Ne bougez pas!

やめろ！
Stop it!
ストッピット
Arrêtez!

離せ！
Let me go!
レットミゴー
Libérez-moi!

強盗！
Thief!
シーフ
Au voleur!

手を上げろ！
Put your hands up!
プチョアハンズアップ
Levez les mains!

開けて！
Open up!
オペンアップ
Ouvrez la porte!

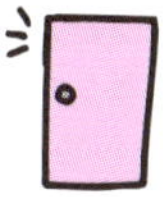

出て行け！
Get away from me!
ゲッタウェイフロムミ
Sortez d'ici!

つかまえて！
Catch them!
カッチゼム
Attrapez-les tous!

column ～「カナダ流」マスターへの道～

楽しい旅のために、覚えておきたいチップのあれこれ

カナダを旅する上で、切っても切り離せないのがチップ制だ。快適な旅にするためにも、スマートにチップを渡す方法をマスターしておきたい。

チップは貴重な収入源

チップが必要なのは、主にレストランやカフェ、バー、ホテル、タクシー、観光バスなど。これらのサービス業に携わっている人たちの給料は、チップをもらうことを見越して低めに設定されていることが多いので、チップは決して余分な報酬ではなく、彼らの貴重な収入源であることをまず理解しておこう。

レストランやバーでは

レストランやカフェでの相場は、税金を抜いた合計金額の15～20％。あまり満足のいくサービスではなかったとしても、10％程度は置くようにしたい。カナダのレストランはテーブル精算なので、チップを含めた代金がちょうどある場合は「Keep the change（おつりは取っておいて）」と言ってそのままウェイターやウェイトレスに渡し、おつりをもらいたい時は「I need some change（おつりが要るのですが）」と言えばいい。そうすればチップを払いやすいように細かいお金で返してくれるので、その中から渡せばOKだ。代金やチップをそのままテーブルに置いて店を出る人もいるが、その際は店の人にひと声かけるようにしよう。クレジットカードで支払う場合は、伝票のチップの欄に金額を入れ、合計額を書きこんで渡すこと。

観光地などでは、チップ制に慣れていない観光客用にサービス料が代金に含まれていることがあるので、Bill（勘定書）のTip（チップ）やService Charge（サービス料）の欄をチェックしたほうがいい。

チップの計算は面倒だが、税抜きのSub Total（小計）を1ケタ左にずらせば10％、それを2倍にすれば20％、そのちょうど半分が15％、と覚えておくと便利だ。

バーも基本的にはレストランと同じ。ただ、1杯ずつ頼んだ場合は、5ドルのビールを頼んだとしても1ドルくらい渡すのが普通なので、結果的に少し高めになるかもしれない。まとめて支払う場合は、その合計金額の15～20％を精算時に渡せばいい。

ホテルやタクシーの場合は

ホテルでポーターに荷物を運んでもらった場合は1～2ドルでいいが、荷物が多かったり他に何か手伝ってもらったりしたら、多めに渡すようにしたい。ベッドメイキングへのチップは特に置かなくてもいいが、部屋を出る前に1ドル程度をサイドテーブルや枕元に置いておくのがベストだろう。また、ルームサービスを利用した時は、料金の10～15％を渡すこと。

タクシーでは、料金の10～15％を降りる時に料金と一緒に渡そう。観光バスのドライバーには、3～5ドルをツアー終了時に渡せばいいだろう。

サービスを提供する側と受ける側が、お互いに気持ちよく接することができるようにするのがチップだ。日本にはない習慣なので最初はとまどうだろうが、慣れれば全く心配ない。

もっと仲良くなるために、日本のことを伝えよう！

日本の紹介

日本の地理	112
日本の山・三名城・日本三景	112
世界遺産	113
日本の一年	114
日本の文化	116
伝統工芸	116
伝統芸能と武道	117
日本の家族	118
日本の料理	120
日本の生活	122
〈コラム〉カナダ人ってどんな人達？	124

日本の地理
Geography of Japan

日本列島は4つの大きな島(北海道、本州、四国、九州)と大小約7000もの島々から成り立っている。

The Japanese archipelago consists of four major islands (Hokkaido, Honshu, Shikoku, Kyushu) and includes approximately 7,000 islands altogether.

私は〇〇で生まれました。
I was born in 〇〇.
アイ ワズ ボーァン イン 〇〇

日本の山 高さベスト3　TOP3 Mountains

1	富士山	3,776m	Mt. Fuji (12,388 feet)
2	北岳	3,192m	Mt. Kitadake (10,472 feet)
3	奥穂高岳	3,190m	Mt. Okuhotakadake (10,465 feet)

三名城　3 Famous Castles

姫路城(兵庫)	Himeji Castle (Hyogo)
松本城(長野)	Matumoto Castle (Nagano)
熊本城(熊本)	Kumamoto Castle (Kumamoto)

日本三景　3 Famous Spots of Scenic Beauty

天橋立(京都)	Amanohashidate (Kyoto)
厳島神社(広島)	Itukushima Shinto Shrine (Hiroshima)
松島(宮城)	Matsushima (Miyagi)

中国 Chugoku

滋賀 Shiga
石川 Ishikawa
京都 Kyoto
福井 Fukui
島根 Shimane
鳥取 Tottori
岐阜 Gifu
佐賀 Saga
山口 Yamaguchi
岡山 Okayama
兵庫 Hyogo
九州 Kyushu
福岡 Fukuoka
広島 Hiroshima
大阪 Osaka
長崎 Nagasaki
大分 Oita
愛媛 Ehime
香川 Kagawa
愛知 Aichi
沖縄 Okinawa
熊本 Kumamoto
徳島 Tokushima
高知 Kochi
和歌山 Wakayama
鹿児島 Kagoshima
宮崎 Miyazaki
四国 Shikoku
三重 Mie
奈良 Nara
近畿 Kinki

私の国を紹介します
Let's talk about Japan!

北海道
Hokkaido

青森
Aomori

東北
Tohoku

秋田　岩手
Akita　Iwate

富山　山形
Toyama　Yamagata

宮城
Miyagi

新潟
Niigata

福島
Fukushima

群馬　栃木　茨城
Gumma　Tochigi　Ibaraki

長野　　　　　　埼玉
Nagano　　　　　Saitama

山梨
Yamanashi

千葉　東京
Chiba　Tokyo

神奈川
Kanagawa

関東
Kanto

静岡
Shizuoka

中部
Chubu

[世界遺産] World Heritage

日本にあるユネスコの世界遺産は、2009年10月現在、14物件あります。
As of October 2009, there are 14 locations in Japan included in UNESCO's World Heritage Site List.

● 知床（北海道、2005／自）Shiretoko

● 白神山地（青森・秋田、1993／自）Shirakami-Sanchi

● 日光の社寺（栃木、1999／文）
The Shrines and Temples of Nikko

● 白川郷・五箇山の合掌造り集落（岐阜・富山、1995／文）
Historic Villages of Shirakawa-go and Gokayama

● 古都京都の文化財（京都・滋賀、1994／文）
Historic Monuments of Ancient Kyoto (Kyoto, Uji and Otsu Cities)

● 古都奈良の文化財（奈良、1998／文）
Historic Monuments of Ancient Nara

● 法隆寺地域の仏教建造物（奈良、1993／文）
Buddhist Monuments in the Horyu-ji Area

● 紀伊山地の霊場と参詣道
（三重・奈良・和歌山、2004／文）
Sacred Sites and Pilgrimage Routes in the Kii Mountain Range

● 姫路城（兵庫、1993／文）Himeji Castle

● 広島の平和記念碑（原爆ドーム）（広島、1993／文）
Hiroshima Peace Memorial (Atomic Dome)

● 厳島神社（広島、1996／文）
Itsukushima Shinto Shrine

● 石見銀山遺跡とその文化的景観（島根、2007／文）
Iwami Ginzan Silver Mine and its Cultural Landscape

● 屋久島（鹿児島、1993／自）Yakushima

● 琉球王国のグスク及び関連遺跡群（沖縄、2000／文）
Gusuku Sites and Related Properties of the Kingdom of Ryukyu
※（　）内は所在地、登録年／文＝文化遺産、自＝自然遺産

日本の一年
Japanese calendar

日本には4つの季節"四季(Shiki)"があり、それぞれの季節とその移り変わりを楽しむ行事がある。

Japan has four seasons ("shiki"). There are many popular events that mark the change of seasons.

日本は今○○の季節です
Right now, it is ○○ in Japan.
ライト ナウ イット イズ ○○ イン ジャパン

[七夕(7月7日)]
Tanabata (July 7)

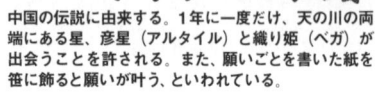

中国の伝説に由来する。1年に一度だけ、天の川の両端にある星、彦星(アルタイル)と織り姫(ベガ)が出会うことを許される。また、願いごとを書いた紙を笹に飾ると願いが叶う、といわれている。

Tanabata is an annual event based on a Chinese legend. It is said that once a year, on the night of July 7, the stars Altair and Vega, which are on opposite sides of the Milky Way, are allowed to meet. Also it is believed that wishes written on strips of colored paper and hung on bamboo branches will come true.

[端午の節句(5月5日)]
Tango no sekku (May 5)

男児の健やかな成長と幸せを願う日で祝日になっている。男児がいる家庭では、鯉のぼりを揚げ、武者人形や鎧兜を飾る。

The day of good health and happiness for young boys. It is also designated as a national holiday "Children's Day." Families with boys celebrate the day by flying koinobori (kites) and displaying musha ningyo and yoroi kabuto (armour and helmets).

[花見] Hanami

桜の満開時期になると、職場仲間や友人、家族で公園などに出かけ、桜の木の下で食事をしたり、酒を飲んだりする。

When cherry blossoms are in full bloom, people go to parks and other places with their colleagues, friends and family members for "cherry blossom viewing." They enjoy the view while eating and drinking under the cherry trees.

- 8月 August
- 7月 July
- 6月 June
- 5月 May
- 4月 April
- 3月 March

夏 Summer
春 Spring

[ひな祭り(3月3日)]
Hina matsuri (March 3)

女児の健やかな成長と幸運を願う行事。ひな人形を飾り、桃の花や白ひし餅、ひなあられを供える。

During hina matsuri (the girls' festival), families with young girls pray for their health and happiness. Hina ningyo (dolls) are displayed and white sake, diamond-shaped rice cakes called hishimochi and hina arare (sweetened rice crackers) are set out as offerings.

114

[盆] Bon festival

7月13〜15日、または8月13〜15日に帰ってくる祖先の霊を迎えて慰めるため、さまざまな行事を行う。都会に住む人も故郷に帰って、墓に花を供えるなどして祖先の霊を供養する。

From July 13-15, or August 13-15, a series of events are conducted to receive and comfort the spirits of ancestors that are said to return to their homes at this time. People who live in big cities return to their parents' homes and pray for the happiness of their ancestors' souls by visiting graves and placing flowers etc.

[月見(9月中旬)] Tsukimi (Mid-September)

月を鑑賞する行事を月見という。9月中旬頃の満月を特に「十五夜」とよび、月見団子や果物、秋の七草を供える。

The activity of moon viewing is called Tsukimi. It is held on the night of the full moon in the middle of September (specifically called "jugoya"). Tsukimi dango (dumplings), fruits and the seven autumn flowers are offered to the moon.

私の国を紹介します
Let's talk about Japan!

[クリスマス(12月25日)] Christmas (December 25)

日本ではクリスマスは宗教色が薄く、家族や友人、恋人達が絆を確かめあう行事であることが多い。

Generally, Christmas is not celebrated as a religious event in Japan. Rather, it is treated as an event to express one's affection for family, friends and loved ones.

[大晦日] Omisoka (December 31)

大晦日の夜には、家族揃ってテレビで歌番組を見てすごす。また、家族揃ってそばを食べることによって、健康と長寿を願う。

New Year's Eve in Japan is generally celebrated by the immediate family spending the night together watching a popular music show on TV. Japanese noodles are a traditional meal and eating them serves as a symbol of long life and happiness.

9月 September
10月 October
11月 November
12月 December
1月 January
2月 February
秋 Autumn
冬 Winter

[節分(2月3日)] Setsubun (February 3)

「鬼は外」「福は内」とかけ声をかけながら、鬼役の人に向かってマメを投げる。邪悪なものや不幸を家の外に追い払い、福を呼び込む意味がある。

On the day of setsubun, people throw soy beans at the "demon"(usually a family member wearing a demon mask) yelling "Out with demons! In with happiness!" This is believed to ward off evil and misfortune from the home and beckon happiness.

[バレンタインデー(2月14日)] Valentine's Day (February 14)

女性から男性にチョコレートを贈るのが一般的。贈り物をもらった男性は3月14日のホワイトデーにお返しをする。

It is customary that women give men chocolate on Valentine's Day, February 14. Men who received presents on this day are expected to give gifts to the women in return on White Day, March 14.

[正月] Shogatsu

1年の最初の月のことだが、1月1〜7日を指すことが多い。古来より、正月の行事は盆とともに重要なものとされている。

Although shogatsu literally means the first month of the year, it generally indicates the period of January 1 through 7. Since ancient times, the events of shogatsu have been considered as important as those of the bon festival.

日本の文化
Japanese culture

○○をご存じですか？
Have you ever heard of ○○?
ハヴ ユ エヴァァ ハーァド アヴ ○○↗

伝統工芸
Arts and crafts

[着物] Kimono

着物は和服ともよばれる日本の伝統的衣服。江戸時代までは日常着だった。洋服が普及してからは礼服として冠婚葬祭や茶道の席で着ることが多い。

Kimonos, also called wafuku, are the traditional dress of Japan that were worn as everyday clothing up until the Edo period (late 19th century). Since western-style clothes have become the norm for daily activities, kimonos are mostly worn for ceremonial occasions and when traditional arts like the tea ceremony are practiced.

[浮世絵] Ukiyoe

浮世絵は江戸時代に発達した風俗画。15〜16世紀には肉筆の作品が中心だったが、17世紀後半、木版画の手法が確立され、大量生産が可能になると、庶民の間に急速に普及した。

Ukiyoe is a genre of painting developed during the Edo period. In the 15th and 16th century, they were mostly painted by hand. In the late 17th century, when the technique of woodblock printing was established to enable mass-production, ukiyoe soon became very popular among the common people.

[短歌と俳句] Tanka and Haiku

短歌は日本独特の和歌の一形式で、五七五七七の五句31音で構成される。俳句は五七五の三句17音の詩。この短い形式の中に美しい言葉で季節や自分の気持ちを詠み込む。

Tanka is a unique and traditional style of poetry, comprised of 5 lines, each line having a syllabic meter of 5-7-5-7-7. Haiku are the more renowned shorter version with three lines and 17 syllables in the pattern of 5-7-5. Haiku are poetic expressions revolving around the seasons and personal emotions.

[盆栽] Bonsai

盆栽は、鉢に植えた小さな木を自然界にあるような大木の形に整え、その姿を楽しむ植物の芸術作品。木の姿だけでなく、鉢も鑑賞の対象となる。

Bonsai is the horticultural art of training miniature potted trees and plants to grow into shapes resembling large trees that actually exist in nature. In addition to the shapes of the plants, the pots and vessels are an appreciated part of the craft.

[生け花] Ikebana

生け花は草花や花を切り取り、水を入れた花器に挿して鑑賞する日本独特の芸術。もとは仏前に花を供えるところから始まったが、室町時代（14〜16世紀）には立花として流行し、江戸時代になると茶の湯とともに一般に普及した。

Ikebana is the traditional Japanese art of arranging cut flowers and branches in a vase. It originated from offering flowers before the tablet of the deceased. In the Muromachi period (14th-16th century), rikka (standing flowers) arrangement became trendy. In the Edo period, flower arrangement gained popularity along with the tea ceremony.

[茶の湯] Cha no yu

茶の湯は、16世紀ごろ千利休が大成した。彼は禅の精神を取り入れ、簡素と静寂を旨とする日本独特の「わび」の心を重んじた。

Cha no yu (tea ceremony) was perfected by Master Sen no Rikyu in the 16th century. It is based on the sprit of Zen and focuses on pursuing the Japanese "wabi" aesthetic, a simple and calm state of mind.

伝統芸能と武道
Theater and martial arts

［歌舞伎］Kabuki

江戸時代に生まれた日本独特の演劇芸術。1603年、出雲大社の巫女だった女性たちにより京都で興行されたのが始まりといわれている。風紀を乱すということから禁止されたが、その後、徳川幕府により成人男子が真面目な芝居をすることを条件に野郎歌舞伎が許された。現在の歌舞伎は男性のみで演じられる。

Kabuki is a unique style of traditional Japanese theater that was developed during the Edo period. It is said to have originated from a group of itinerant women entertainers performing in Kyoto in 1603. Thought to be negatively affecting public morals, kabuki was banned. Later the Tokugawa Shogunate allowed it to be revived under the condition that only male actors participate (Yaro Kabuki). Kabuki remains like this to this day, as even the female roles are played by men.

［文楽］Bunraku

日本の伝統的な人形芝居、人形浄瑠璃（義太夫節）という独特の歌謡に合わせて演じられる。人形浄瑠璃が成立したのは1600年前後といわれ、主に大阪を中心に発展してきた。★

Bunraku is the traditional Japanese puppet theater (ningyo joruri) which is performed with a unique narrative chant called joruri (gidayu bushi). Ningyo joruri is said to have been established around 1600 and flourished mainly in the Osaka area.

［能・狂言］Noh and Kyogen

室町時代初期（14世紀）に出来上がった歌舞劇で、二人から数人で、華麗な衣装と仮面をつけて演じる古典芸能。狂言は、ユーモアにあふれたセリフ主体の劇である。★

Noh is a classic theatrical art incorporating music, dances and plays that was established at the beginning of the Muromachi period (14th century). It is played by two or more performers wearing colourful costumes and masks. Kyogen is comedic drama that consists mainly of spoken lines.

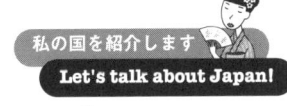

［相撲］Sumo

日本の伝統的なスポーツのひとつ。土俵とよばれる丸いリングの中で2人が組み合い、相手を土俵の外に出すか、地面に倒した方が勝ち。古くから相撲は神の意志を占う役割があったが、8世紀ごろの、天皇に見せる節会相撲が始まり。現在は日本の国技として人気を集め、外国人力士も増加中。

Sumo, or Japanese wrestling, is one of Japan's most popular traditional sports. It is a match of two sumo wrestlers in a round ring called the dohyo. The winner is the one who first makes his opponent step outside the ring or fall down to the ground. In ancient times, sumo was conducted as a religious ritual. The origin of present-day sumo is sechie zumo, conducted in the 8th century as a ceremonial show for the Emperor. Today, sumo enjoys popularity as the national sport of Japan, and it is gaining popularity abroad as more and more foreign wrestlers compete.

［柔道］Judo

日本に古くからあった柔術という格闘技を、19世紀に嘉納治五郎がスポーツとして改良したもの。身体と精神の両方を鍛えることを目的としている。

Judo is a refined from of the older Japanese martial art, jujutsu. It was developed into the sport of judo by Jigoro Kano in the19th century. Judo aims to improve both one's physical and mental strength.

［剣道］Kendo

剣を使って心身を鍛える道。武士の時代には相手を倒すための武術だったが、現在では面、胴、小手などの防具をつけ、竹刀で相手と打ち合う。

Kendo is a way of strengthening one's mind and body using a sword. While kendo was a military technique for defeating the enemy in the warrior age, it is now practiced as a sport in which two fencers wearing pads and armor (referred to as men, do and kote) duel with bamboo swords.

★歌舞伎、能楽、人形浄瑠璃は、ユネスコの無形文化財に登録されている

日本の家族
Japanese family

生を受け、その生涯を終えるまでに、自分の家族の幸せや長寿を願い、さまざまな行事が行われる。

There are many traditional events to wish happiness and long life for oneself and one's family.

誕生日おめでとう！
Happy birthday!
ハピィ バーァスデイ

ありがとう！
Thank you!
サンキュ

[結婚式] Kekkonshiki
決まった宗教を持たない人が多い日本では、結婚式の形式も特定の宗教に捕われないことが多い。古来より神前結婚式が多数を占めていたが、最近はキリスト教式の結婚式を選ぶ人も多い。

In Japan, where many people are not actively religious, many wedding ceremonies do not reflect any particular religion. While many ceremonies are traditionaly held at a shinto shrine, recently more and more couples are choosing Christian-style (American-style) weddings.

男性25、42、61歳
女性19、33、37歳

男性31.2歳、女性29.0歳
（平均婚姻年齢）※1

60歳

[還暦] Kanreki
一定の年齢に達した高齢者に対し、長寿のお祝いをする。例えば、数え年での61歳を還暦といい、家族が赤い頭巾やちゃんちゃんこを贈る風習がある。

There are several customs for celebrating long life for senior citizens who have come to certain ages. For example, the 61st year of a person's life is called kanreki. It is customary for the family to give a red hood or sleeveless kimono jacket to family members when they reach this age.

[厄年] Yakudoshi ※3
厄年とは病気や事故、身内の不幸といった災いが降りかかりやすい年齢のこと。

Yakudoshi is the age when one is believed to be at risk of injury, illness, accidents or encountering misfortune such as having a death in one's family. Many people go to a shrine to offer a prayer against this.

男性78.3歳、女性85.3歳
（平均寿命）※2

[葬式] Soshiki
日頃あまり宗教的ではない日本人も、葬式においては多分に宗教的である。そのほとんどが仏教式。

Although Japanese do not seem to be particularly concerned with religion in their daily lives, they strictly follow religious rites in funerals. Most of the funerals in Japan are conducted according to Buddhist beliefs.

[法要] Hoyo
葬式が終わったあとも、死者が往生して極楽（キリスト教における天国）に行けるよう、生きている人が供養を行う。初七日、四十九日、一周忌が特に重要とされている。

After the funeral, the breaved family and relatives conduct Buddhist memorial services so that the spirit of the dead can be at peace and go to the Buddhist paradise (similar to heaven in Christianity). The memorial services conducted on the 7th day, 49th day and one year after the death are considered especially important.

※1、2は2003年厚生労働省人口動態統計に拠る

私の国を紹介します
Let's talk about Japan!

[帯祝い] Obi iwai
妊娠して5カ月目の、干支でいう戌の日に、妊婦の実家が腹帯を贈る行事。戌の日に行うのは多産な犬にあやかり、安産を祈ることに由来する。
During the fifth month of their pregnancy, pregnant women are given a sash from their parents on the Day of the Dog in the Oriental Zodiac. This event is conducted on the Day of the Dog because the dog's fertility symbolizes an easy delivery.

[お宮参り] Omiya mairi
赤ちゃんの誕生を祝い、元気な成長を願って、男の子は生後30日目、女の子は生後33日目に住んでいる土地の神社にお参りする。
The family of the newborn infant takes the baby to a Shinto shrine — where the local Shinto deity (ujigami) is enshrined — to celebrate the child's birth and pray for its healthy growth. This ceremony is conducted 30 days after birth for boys and on the 33rd day for girls.

誕生前 ▶ ▶ ▶ 生後30〜33日 ▶ 3歳

[七五三] Shichi go san
子供の健やかな成長を願って、男の子は3歳と5歳、女の子は3歳と7歳のときに神社にお参りをする。
People take their children to a shrine to pray for their healthy growth. This is done with boys three and five years old, and girls when they are three and seven years old.

5歳
7歳

20歳 | 18歳〜 | 16〜18歳 | 6〜15歳
大学／専門学校 | 高等学校 | 小〜中学校

[成人の日] Seijin no hi
満20歳になった人を成人として認める儀式。1月の第2月曜日に、各地の自治体では記念の式典が行われる。満20歳になると選挙権が得られる。また、飲酒、喫煙も許される。
"Seijin no hi" is a ceremony to celebrate people who have turned 20 and officially recognize them as adults. The second Monday in January, each local government holds a celebratory ceremony. "Legal adults" at age 20, they can vote, smoke and drink alchohol.

[進学] Shingaku
幼稚園、小学校、中学校、高校、大学を経て就職するまで、子供の教育に必死になる親は多い。
Many parents fret about their children's education, from their primary education through university.

現代家族の形態

[核家族] Kaku kazoku
日本で主流になっている家族形態。かつては若年層世帯の多い都市部に多かったが、現在では過疎化の進む地方でも目立つ。
The typical form of Japanese family today. Nuclear families used to be more common in large cities, where there were many young households. Today, they are also noticeable in rural regions where populations are declining.

[共働き] Tomobataraki
結婚をしても、夫と妻の双方が仕事を続ける場合が多く、その場合子供を持たない夫婦をDINKSとよぶ。
Many couples continue working after they get married. In this case, couples that don't have children are called DINKS (Double Income No Kids).

[パラサイトシングル] Parasite single
一定の収入があっても独立せず、結婚適齢期を過ぎても親と同居し続ける独身者のことをいう。
Single adults who earn steady incomes but are not willing to be independent and continue living with their parents even in their marriageable age.

※3 厄年は数え年（満年齢に1つ足す）で表される

日本の料理
Japanese food

現代の日本では、あらゆる国の料理を楽しむことができるが、ここでは日本の代表的な料理をいくつか紹介する。

While foods from all over the world are available in Japan today, many Japanese traditional dishes are still very popular.

いただきます！
Itadakimasu※

ごちそうさま
Gochisosama※

[刺身] Sashimi

新鮮な魚介類を薄切りにして盛り付けたもの。普通、ワサビを薬味にして醤油につけて食べる。

Sashimi is thin slices of fresh raw fish arranged on a plate. It is usually accompanied with wasabi and dipped in soy sauce before being eaten.

[すし] Sushi

砂糖を混ぜた酢で調味した飯（すし飯）にさまざまな魚介類を薄切りにして載せたもの。

Sushi is made by placing thin slices of various seafood on top of rice seasoned with sugared vinegar (sushi meshi).

[すき焼き] Sukiyaki

鉄鍋を使い、牛肉の薄切り肉と豆腐、しらたき、野菜などを卓上コンロで煮ながら食べる。

Sukiyaki is a dish of thinly sliced beef, tofu, shirataki (noodles made from konnyaku starch) vegetables, etc., cooked in a cast-iron pot at the table using a portable cooking stove.

[天ぷら] Tempura

野菜や魚介類に衣をつけて油でからりと揚げた料理。

Tempura is vegetables and seafood dipped in koromo (batter) and deep-fried.

[しゃぶしゃぶ] Shabu-shabu

薄く切った牛肉を沸騰した昆布だしの鍋にさっとくぐらせ、たれにつけて食べる。

Shabushabu is a dish of thinly sliced beef dipped briefly in boiling kelp-based stock and eaten with special sauces.

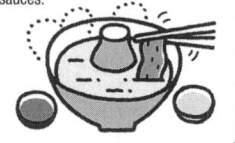

[鍋もの] Nabemono

大きな鍋で野菜や魚介類などを煮ながら食べる。材料や味付けによってさまざまな鍋がある。

Nabemono is the collective name for hotpot dishes containing vegetables and seafood that are cooked at the table. There are many kinds of nabemono with different ingredients and seasonings.

※ Japanese always say "itadakimasu" before meals, and "gochisosama" after eating.

[会席料理] Kaisekiryouri

酒宴のときに出される上等な日本料理。西洋料理のフルコースのように一品ずつ順に料理が運ばれる。季節に合った旬の素材が美しく調理される。

Kaiseki ryori is a highly refined Japanese cuisine served at dinner parties. Dishes are served one by one just like a full-course dinner in Western cuisine. Ingredients are often selected according to the season.

[麺類] Menrui

そば粉に小麦粉、水などを加えて練り細く切ったそばと、小麦粉を練って作るうどんは日本の伝統的な麺類。

Soba are thin noodles made from a mixture of sobako (buckwheat flour), wheat flour, water, etc., and udon is made by kneading wheat flour dough. These two are the traditional noodles of Japan.

私の国を紹介します
Let's talk about Japan!

[おでん] Oden

醤油のだし汁で、魚の練り製品や大根、ゆで玉子などを数時間煮込んだもの。

Oden is the collective name given to a type of food where various ingredients such as fish cakes, Japanese radish, and boiled eggs are cooked and simmer in a soy sauce-based stock for several hours.

[お好み焼き] Okonomiyaki

小麦粉に水と卵を加え、その中に野菜、魚介類、肉などを混ぜたものをテーブルにはめ込んだ鉄板で焼いて食べる。

Okonomiyaki is a type of pancake made by cooking a batter of flour, water and egg mixed with various ingredients such as vegetables, seafood, and meat on a hot plate built into the table.

[定食] Teishoku

家庭的なおかずとご飯と味噌汁をセットにしたメニューで、学生から社会人までランチメニューとして人気。

A menu selection popular among both students and adults, teishoku is a meal where a home-cooked entre is provided along with rice and miso (a soybean paste) soup.

[焼き鳥] Yakitori

一口大に切った鶏肉や牛、豚の臓物を串に刺してあぶり焼きにする。甘辛いたれをつけたものと塩味のものが選べる。

Yakitori consists of small pieces of chicken, beef and pork skewered on bamboo and grilled. You can ask for tare (flavored with a soy-based sauce) or shio (seasoned with salt).

食事のマナー
Table manners

ご飯、汁物を食べるときは、茶碗、汁椀を胸のあたりまで持ち上げる。

It is good manners to lift dishes to chest-level when eating rice or drinking soup.

刺身の盛合せや漬物など共用の箸が添えられているものは、その箸を使って少量を自分の皿に取り分ける。

When eating sashimi or tsukemono (pickles) served in a dish with an extra pair of chopsticks, use those chopsticks to serve yourself.

汁物をいただくときは椀や器に直接口をつけて静かにいただく。

Sip soup and liquid dishes straight from the bowl without making slurping noises.

茶碗のご飯は最後のひと粒まで残さず食べる。食べ終わったら箸をきちんと箸置きにおいて、食べ始めの状態に戻す。

It is customary in Japan to eat all of the rice in your bowl, down to the last grain. When you have finished your meal, place your chopsticks on the chopstick rest as they were when you started.

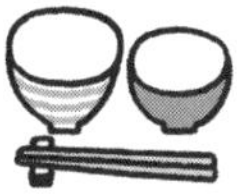

Both words are expressions of thanks to the person who prepared the meal.

日本の生活
Life in Japan

すまい
Housing

日本の住居は独立した一戸建てと、複数の住居が一棟を構成する集合住宅とに大別される。地価の高い都心では庭付きの一戸建てに住むのは難しく、マンションなどの集合住宅が人気。

Japanese housing can be separated into two categories, individual homes and apartment/condominium style living. The latter is more common in large cities where the cost of living is prohibitively expensive.

[和室] Japanese room

伝統的な日本特有の部屋。床はイグサで作られた畳を敷き詰め、空間は、紙と木で作られた障子で仕切られている。靴、上履きのような履物は脱いで入る。

The typical Japanese interior includes floors covered with mats made of straw, with rooms divided by sliding doors made from wood and paper. Shoes are taken off before entering a Japanese home.

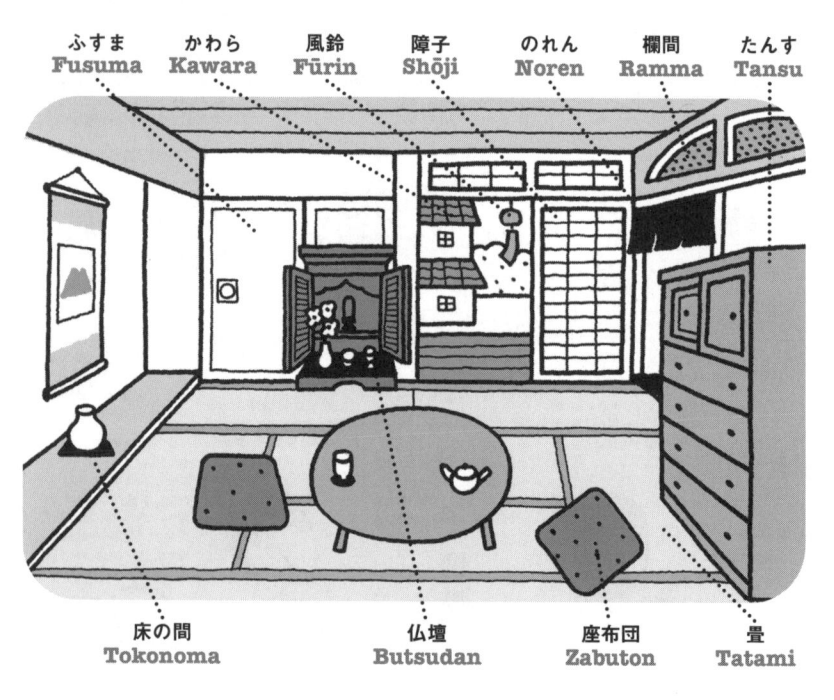

カナダにも○○はありますか？

Do you have ○○ in Canada?

ドュ ハヴ ○○ イン カナダ♪

- ふすま Fusuma
- かわら Kawara
- 風鈴 Fūrin
- 障子 Shōji
- のれん Noren
- 欄間 Ramma
- たんす Tansu
- 床の間 Tokonoma
- 仏壇 Butsudan
- 座布団 Zabuton
- 畳 Tatami

娯楽
Goraku

私の国を紹介します　Let's talk about Japan!

[プリクラ] Purikura

設置された画面を操作しながら写真を撮り、数十秒でシールにできる機械。特に女子学生に人気。

An automatic photo-booth in which customers operate keys or a touch screen to take photos of themselves. The photos are printed on small stickers in less than a minute. Purikura ("print club") are especially popular among schoolgirls.

[カラオケ] Karaoke

街のいたるところにカラオケ店があり、老若男女に楽しまれている。

There are karaoke places all around town and men and women of all ages enjoy singing karaoke.

[パチンコ] Pachinko

パチンコは、大人向けの娯楽の代表である。遊ぶことができるのは18歳から。機種ごとにルールは異なる。玉がたくさんたまったら景品に交換できる。

"Pachinko" is one of the most popular amusements for adults in Japan. You have to be over 18 years old to play pachinko. Rules vary depending on the type of machines. It is kind of a mixture between slots and pinball. If you win enough balls, you can exchange them for prizes.

[ゲームセンター] Game Centre

さまざまなゲーム機器が揃っている遊技施設。子供だけではなく、学生やサラリーマンが楽しむ姿も多くみられる。

An amusement parlor with a variety of video game machines. Not only children but also students and professionals enjoy playing video games at these facilities.

[麻雀] Mah-jong

1920年代に中国から伝わったゲーム。最初に13個の牌を持ち、トランプのように引いては捨て、を繰り返し、決まった組合せを考える。

Mah-jong is a game which was introduced into Japan from China in the 1920s. Each player has thirteen tiles (pai) to start with. They draw and discard tiles in turn to group their tiles into certain prescribed combinations, just like when playing cards.

[マンガ喫茶] Manga kissa

一定の料金を支払えば、ドリンクや軽食と共にマンガや雑誌を閲覧できる店。インターネットや仮眠施設を備えているところも多い。

A manga kissa is a café in which you can read comic books and magazines while enjoying drinks and snacks. Many manga kissa provide computers for the internet and private booths for relaxing.

[競馬・競輪・競艇] Keiba/Keirin/Kyotei

日本で法的に認められているギャンブル。競馬は国内に点在する競馬場や場外売り場で馬券を購入できる。

Horse, bicycle and motorboat racing are the legal forms of gambling in Japan. You can buy tickets to bet on these races at race tracks located across the country and off-track betting booths.

[温泉] Onsen

世界有数の火山国である日本には温泉が数多くある。泉質によってさまざまな効能があるが、何よりゆったりリラックスできるので多くの人が休日を利用して温泉を訪れる。

As Japan is one of the most volcanically active countries in the world, it has many onsen, or hot springs. It is said that onsen have various therapeutic effects depending on the qualities of the water, but above all, they are comfortable and relaxing. Many people visit onsen on weekends and holidays.

column ～「カナダ流」マスターへの道～

カナダ人ってどんな人たち？
住んでみてわかったカナダ人

　国民性を一括りにして語ることはできないし、同じ国でも地域や個人によって差があるのは当然だ。カナダでもフランス系の人が多いケベック州には欧州的な気質が見られ、大都市のトロントではビジネス志向が強く、西海岸はより開放的でリベラルな傾向があると言われる。また、移住者の国であることから、それぞれの国の文化を反映した特徴も存在する。これらのことを踏まえたうえで、ここではカナダで感じた一般的な「お国柄」について個人的な印象を述べてみたい。

自分は自分

　カナダの街を歩くと、誰もが多種多様な服装をしているのに気づく。若者を中心にある程度の流行はあっても決して画一的ではなく、それぞれが自分の価値観で好きなものや快適なもの、機能的なものを選んでいるといった感じだ。トレンドが強い影響力を持つ日本から来た旅行者の目には、その姿はことさら新鮮に映るだろう。このような独自性は、他にもさまざまな側面で見られる。

優しく誇り高く

　カナダ人には、重い荷物を持った人がいたら率先して手伝ったり、エレベーターや店のドアを後ろの人のために押さえておくといった、ちょっとした気配りが自然にできる人が多い。知らない人でも目が合うと笑ったり、話しかけたりといったフレンドリーさも印象に残る。また、平和や環境を大事にすることでも有名だ。カナダ人はアメリカ人と混同されるのを嫌うと言われるが、それはきっと自分達の方がリベラルで友好的だという誇りに根ざしているのだろう。

我慢強くおおらか

　厳しく長い冬をもつカナダの人々は、概して辛抱強い。その一例が、「待たされても怒らない」ことだ。スーパーやレストラン、銀行など、場所を問わずカナダ人は根気よく待つ。分刻みの交通や、「お客様は神様です」的なサービスに慣れている日本人が少々戸惑ってしまうようなのんびりした応対にも、腹を立てることも文句を言うこともなくじっと待っている。ただ、これは言い換えれば自分が待たされても大丈夫なので、自分が待たせても気にならないということでもある。お客がいるのに店員同士が仲良くおしゃべり、なんてこともそれほど珍しくはなく、ある意味「持ちつ持たれつ」の関係で社会が成り立っているように思えるのだ。しかし、これはカナダ人のおおらかさや人懐っこさの表れであるともいえる。せっかく旅行に来たのだから日本と比較してイライラするのではなく、あくまで「いらっしゃいませ」ではなく「ハーイ」である彼らのスタンスや、客にお礼を言われて"Not a problem!（いいんだよ！）"と返す気さくさを楽しんだほうが得策だ。

　実際の印象として、よく「控えめで温和」と形容されるカナダ人の気質はやはり存在するように思えた。また、世界中から集まった移住者で構成されるカナダは、英語を母国語としない人々を暖かく迎えてくれる傾向があるので、旅をする側にとっては非常に居心地がよい国だといえるだろう。

カナダで会話を楽しむための基本情報が満載

知っておこう

カナダまるわかり ── 126
カナダ英語が上達する文法講座 ── 128
カナダにまつわる雑学ガイド ── 132
英語で手紙を書こう！ ── 135
50音順カナダ英語単語帳（日本語→カナダ英語） ── 136

カナダまるわかり

カナダ　　　　　　　　　　　　　　　　　　　Canada

国のあらまし　カナダ VS 日本

	カナダ	日本
面積	998万4670km² （世界第2の大きさ）	37万7914.78km²
人口	約3357万人（2008年）	約1億2728万8000人（2008年）
国歌	オー・カナダ	君が代
首都	オタワ（オンタリオ州）	東京（人口約1298万8800人、2008年）
公用語	英語・フランス語	日本語
国鳥	アビLoon（水鳥の1種）	キジ

カナダ　旅のヒント

【時差】
面積の広大なカナダでは6つの標準時間帯に分かれる。日本との時差は太平洋標準時PST（バンクーバーなど）は−17時間、山岳時標準時MST（バンフなど）では−16時間、最も東のニューファウンドランド標準時NSTでは−12時間30分となる。サマータイムがあり、3月第2日曜から11月第1日曜にかけては標準時より1時間早くなる。

【通貨】
カナダ・ドルC$1＝約96円（2009年11月現在）

【電圧】
110ボルト／60ヘルツ。日本のドライヤーなどはほぼそのまま使用できるが長時間の使用には変圧器を用意しよう。

【チップ】→P110
サービスへの感謝の印としてチップを払う習慣がある。目安は以下の通り。
レストラン／15〜20％（サービス料が加算されている場合もあるので注意）
タクシー／10〜15％
ポーター／荷物1個につき＄1〜2
ホテルのメイド／＄1程度

【郵便】
郵便局の営業は8〜17時45分（日曜休み。土曜の短時間営業もある）。日本へのハガキはC$1.60, 封書はC$1.60（30gまで）。

【飲料水】
水道は飲めるがミネラルウォーターを利用したい。

温度比較

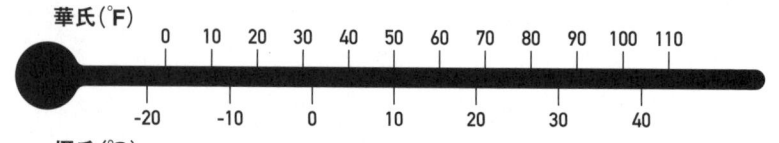

華氏（°F）
摂氏（℃）

温度表示の算出の仕方　℃＝（°F−32）÷1.8　°F＝（℃×1.8）＋32

★出入国に関する英語→P137、電話・通信→P139、両替→P141

度量衡

長さ

メートル法		ヤード・ポンド法				尺貫法			
メートル	キロ	インチ	フィート	ヤード	マイル	海里	寸	尺	間
1	0.001	39.370	3.281	1.094	-	-	33.00	3.300	0.550
1000	1	39370	3281	1094.1	0.621	0.540	33000	3300	550.0
0.025	-	1	0.083	0.028	-	-	0.838	0.084	0.014
0.305	-	12.00	1	0.333	-	-	10.058	1.006	0.168
0.914	0.0009	36.00	3.00	1	0.0006	0.0004	30.175	3.017	0.503
1609	1.609	63360	5280	1760	1	0.869	53107	5310.7	885.12
0.030	-	1.193	0.099	0.033	-	-	1	0.100	0.017
0.303	0.0003	11.930	0.994	0.331	0.0002	0.0002	10.00	1	0.167
1.818	0.002	71.583	5.965	1.988	0.001	0.0009	60.00	6.00	1

重さ

メートル法			ヤード・ポンド法		尺貫法		
グラム	キログラム	トン	オンス	ポンド	匁	貫	斤
1	0.001	-	0.035	0.002	0.267	0.0003	0.002
1000	1	0.001	35.274	2.205	266.667	0.267	1.667
-	1000	1	35274	2204.6	266667	266.667	1666.67
28.349	0.028	0.00003	1	0.0625	7.560	0.008	0.047
453.59	0.453	0.0005	16.00	1	120.958	0.121	0.756
3.750	0.004	-	0.132	0.008	1	0.001	0.006
3750	3.750	0.004	132.2	8.267	1000	1	6.250
600.0	0.600	0.0006	21.164	1.322	160.0	0.160	1

面積

メートル法		ヤード・ポンド法		尺貫法		
アール	平方キロメートル	エーカー	平方マイル	坪	反	町
1	0.0001	0.025	0.00004	30.250	0.100	0.010
10000	1	247.11	0.386	302500	1008.3	100.83
40.469	0.004	1	0.0016	1224.12	4.080	0.408
25906	2.59067	640.0	1	783443	2611.42	261.14
0.033	0.000003	0.0008	-	1	0.003	0.0003
9.917	0.00099	0.245	0.0004	300.0	1	0.100
99.174	0.0099	2.450	0.004	3000.0	10.000	1

体積

メートル法			ヤード・ポンド法		尺貫法		
立方センチ	リットル	立方メートル	クォート	米ガロン	合/升		斗
1	0.001	0.000001	0.0011	0.0002	0.006	0.0006	0.00006
1000	1	0.001	1.057	0.264	5.543	0.554	0.055
-	1000	1	1056.8	264.19	5543.5	554.35	55.435
946.35	0.946	0.0009	1	0.25	5.246	0.525	0.052
3785.4	3.785	0.004	4.00	1	20.983	2.098	0.210
180.39	0.180	0.00018	0.191	0.048	1	0.100	0.010
1803.9	1.804	0.0018	1.906	0.476	10.00	1	0.100
18039	18.04	0.018	19.060	4.766	100.00	10.00	1

華氏(°F)	96	97	98	99	100	101	102	103	104	105	106	107	108
摂氏(°C)	35.5	36.1	36.6	37.2	37.7	38.3	38.8	39.4	40.0	40.5	41.1	41.6	42.2

カナダ英語が上達する文法講座

講座1　英語の基本について知っておこう

■アルファベットと発音
カナダ英語では以下の26のアルファベットを使用する。

a エイ	b ビー	c スィー	d ディー	e イー	f エフ	g ジー	h エイチ	i アイ	j ジェイ
k ケイ	l エゥ	m エム	n エヌ	o オウ	p ピー	q キュー	r アーァ	s エス	t ティー
u ユー	v ヴィー	w ダブリュー	x エクス	y ワイ	z ズィー				

■母音と子音
　英語の母音は、a（エイ）, i（アイ）, u（ユー）, e（イー）, o（オウ）の5つで表現される。このほかに、カタカナで表記できない母音が5つある。それ以外のb（ビー）, c（スィー）... などで表される音が子音。母音と子音の区別は、次頁の不定冠詞a（ア）やan（アン）の使い分けにも関わってくる重要なポイントなので、よく覚えておこう。

■数えられる名詞と数えられない名詞
　pen（ペン　ペン）、mountain（マウンテン　山）など、人やものの名前を表すのが名詞だが、英語には数えられる名詞と数えられない名詞がある。例えば、book（ブック　本）は1冊、2冊と数えられるが、water（ワタァ　水）は1つ、2つとは数えられない。

■代名詞と活用
　英語には人やものを表す代名詞がある。日本語の「私、あなた、彼、それ」などにあたる言葉が代名詞。旅行英会話でもよく使うので、以下のリストでまとめて覚えておこう。

●人称代名詞

	主格 〜は	所有格 〜の	目的格 〜を	所有代名詞 〜のもの
私	I アイ	my マイ	me ミー	mine マイン
私たち	we ウィー	our アゥアァ	us アス	ours アゥアァズ
あなた	you ユー	your ユアァ	you ユー	yours ユアァズ
あなたたち	you ユー	your ユアァ	you ユー	yours ユアァズ
彼	he ヒー	his ヒズ	him ヒム	his ヒズ
彼女	she シー	her ハァ	her ハァ	hers ハァズ
それ	it イット	its イッツ	it イット	
彼ら／彼女ら／それら	they ゼイ	their ゼアァ	them ゼム	theirs ゼアァズ

■単数／複数と不定冠詞

英語では、数えられる名詞には a/an（ア／アン　1つの）または -s（ス／ズ　複数を表す）をつける。

数えられるものがひとつある場合、その言葉の前には a（ア）あるいは an（アン）という不定冠詞がつく。どちらも「1つの」という意味で、次のような使い方をする。

a をつけるもの		an をつけるもの	
a book (ア　ブック)	1冊の本	an apple (アン　アプゥ)	1個のリンゴ
a pen (ア　ペン)	1本のペン	an e-mail (アン　イーメイゥ)	1通のEメール
a boy (ア　ボイ)	1人の少年	an airplane (アン　エァァプレイン)	1機の飛行機

表の右側の apple（**アプゥ**）と e-mail（**イーメイゥ**）、airplane（**エァァプレイン**）には、左側の3単語とは異なり、an がついているが、これは apple や e-mail が英語の母音（a , i , u , e , o）で始まっているから。

また、ものが1つではなく、複数ある場合には単語の前に a（ア）や an（アン）をつけるのではなく、次の例のように、単語の前には数をあらわす語、単語の最後には -s（ス／ズ　複数の s）をつけて表現する。

two books (トゥー　ブックス)	2冊の本	three books (スリー　ブックス)	3冊の本

英語は数を大事にする言葉なので、できるだけこれらの a（ア）や an（アン）、-s（ス／ズ）などのルールを守って話すよう心がけよう。

■定冠詞

名詞の前につく英語の冠詞には、すでに述べた不定冠詞（a／an　ア／アン）のほかに、もうひとつ定冠詞の the（ザ／ズィ）がある。the（ザ／ズィ）は世の中にひとつしかなくだれでもすぐにそれだとわかるものや、その場ですでに話題に上がっていたり、すでにみんなに共通して認識されている単語などの前につく。例えば、太陽は世の中にひとつしかないので the sun（ザ　**サン**）となり、ある本をだれかが話題にした後、もう一度「その本」と言うときにも the book（ザ　**ブック**）と表現すれば OK。

●the（ザ／ズィ）の発音は2種類

the supermarket (ザ　スーパァマーァケット)	そのスーパー	次の単語が子音で始まるときは「ザ」と発音する
the airport (ズィ　エァァポーァト)	その空港	次の単語が母音で始まるときは「ズィ」と発音する

※ただし、日本人だけでなく、英語が母国語の人達にとっても、この発音の区別は難しい。

講座2　文章の構造について知っておこう

■基本の語順（平叙文）

英語は日本語とは違い、語順をしっかり守る言語だ。日本語では「僕、食べたよ、その梅干しをね」と言っても、「僕はその梅干しを食べたよ」と言っても、あまり問題はないが、英語ではそうはいかない。まずは「～が」と動作の主体になる人やもの（主語）を話し、次に「どうする」や「である」などの動詞を、さらに「～を」「～」などにあたる目的語や補語を話す。詳細を次頁の表でチェックしてみよう。

主語	動詞	目的語（～を）
I (アイ) 私は	love (ラヴ) 好きだ	you. (ユ) あなたが（を）
I (アイ) 私は	eat (イート) 食べる	an apple. (アン アプゥ) リンゴを

主語	動詞	補語（～）
I (アイ) 私は	am (アム) です	a student. (ア ステューデント) 学生
She (シ) 彼女は	is (イズ) です	my mother. (マイ マザァ) 私の母

■be（ビー）動詞は主語によって変化する

be（ビー）動詞は、主語や時制によって形が変わるので注意が必要だ。例えば「私は～です」なら I am～（アイ アム）となり be（ビー）動詞は am（アム）を使うが、主語の I（アイ）が you（ユー）に変わると be 動詞は are（アァ）、he（ヒー）なら is（イズ）のように変化する。

●be動詞の活用

		1人称	2人称	3人称
現在	単数	I am ～ アイ アム	You are ～ ユ アァ	He(She/It) is ～ ヒ(シ/イット) イズ
	複数	We are ～ ウィ アァ	You are ～ ユ アァ	They are ～ ゼイ アァ
過去	単数	I was ～ アイ ワズ	You were ～ ユ ワァ	He(She/It) was ～ ヒ(シ/イット) ワズ
	複数	We were ～ ウィ ワァ	You were ～ ユ ワァ	They were ～ ゼイ ワァ

■たずねる形（疑問文）

英語でものをたずねるときは、2種類のルールで平叙文を変形する。

動詞が am（アム），is（イズ），are（アァ）（いずれも「～です」の意）などの be（ビー）動詞の場合と、その他の動詞（一般動詞）の場合で違ったルールがある。ほかにも疑問詞（→P100）を用いて疑問文を作成する方法があるが、ここでは説明を省略する。

■一般動詞の疑問文の作り方

文の最初に Do（ドゥー）や Does（ダズ）をつけ加える。

平叙文	You have a camera. ユ ハヴ ア キャメラ	あなたはカメラを持っています
疑問文	<u>Do</u> you have a camera? ドゥ ユ ハヴ ア キャメラ♪	あなたはカメラを持っていますか？
平叙文	Mike plays baseball. マイク プレイズ ベイスボーゥ	マイクは野球をします
疑問文	<u>Does</u> Mike play baseball? ※ ダズ マイク プレイ ベイスボーゥ♪	マイクは野球をしますか？

※plays（プレイズ）の s（3人称単数の s と言う）がなくなることにも注意しよう。3人称単数とは「私」「あなた」以外でひとりだけの人やもののときを指す。例えば、「マイク」「彼」「彼女」、「それ」「あれ」などはすべて3人称単数だが、これらが主語のとき、一般動詞には -s をつけるというルールがある。疑問文にするときには、その -s がなくなってしまう。

■be 動詞の疑問文の作り方

be 動詞を文の頭に移動する。

平叙文	You ユ	<u>are</u> アァ	a student. ア ステューデント	あなたは生徒です
疑問文	<u>Are</u> アァ	you ユ	a student? ア ステューデント♪	あなたは生徒ですか？
平叙文	Mike マイク	<u>is</u> イズ	her friend. ハァ フレンド	マイクは彼女の友達です
疑問文	<u>Is</u> イズ	Mike マイク	her friend? ハァ フレンド♪	マイクは彼女の友達ですか？

■打ち消す形（否定文）

英語でなにかを打ち消す場合には、否定文の形にする。否定文とは「～ではない」「～しない」という日本語にあたる文。否定文を作るときも、疑問文のときと同じく、動詞が一般動詞か be（ビー）動詞かによって、ルールが異なる。

■一般動詞の否定文の作り方

動詞の前に don't（ドゥント）か doesn't（ダズント）をつける。

平叙文	You ユ	have ハヴ		a camera. ア キャメラ	あなたはカメラを持っています
否定文	You ユ	<u>don't</u> ドゥント	have ハヴ	a camera. ア キャメラ	あなたはカメラを持っていません
平叙文	Mike マイク	plays プレイズ		baseball. ベイスボーゥ	マイクは野球をします
否定文	Mike マイク	<u>doesn't</u> ダズント	play プレイ	baseball.※ ベイスボーゥ	マイクは野球をしません

※否定文でも、疑問文のときと同じく、plays（プレイズ）についていた s（ズ　3人称単数のs）がなくなることに注意しよう。

■be（ビー）動詞の否定文の作り方

be（ビー）動詞のうしろに、打ち消しの not（ナット）をつける。

平叙文	You ユ	are アァ		a student. ア ステューデント	あなたは生徒です
否定文	You ユ	are アァ	<u>not</u> ナット	a student.※ ア ステューデント	あなたは生徒ではありません
平叙文	Mike マイク	is イズ		her friend. ハァ フレンド	マイクは彼女の友達です
否定文	Mike マイク	is イズ	<u>not</u> ナット	her friend.※ ハァ フレンド	マイクは彼女の友達ではありません

※are not（アァ　ナット）は多くの場合 aren't（アァント）、is not（イズ　ナット）は多くの場合 isn't（イズント）と短縮されて話される。

ここで紹介したのは英語のルールのごく一部だが、旅先でもかんたんな会話ができるように、まずはいくつか自分で文を想像して、口に出す練習をしてみよう。「あなたはガイドですか？」なら、Are you a guide?（アァ　ユア　ガイド♪）と言えば OK。習うより慣れろの精神で頑張ろう！

カナダにまつわる雑学ガイド

1 コーヒー大好き！カナディアン

カナダにはコーヒーショップの数が多い。ダウンタウンなどの中心部では、1ブロックに2、3軒あることもめずらしくなく、同じチェーン店が道を挟んだ真向かいにあったりする。もちろん都市部だけではなく、郊外や田舎にもしっかり展開されていて、ショッピングモールやガソリンスタンド、サービスエリアをはじめ、オフィスビルにも病院にも、必ずといっていいほどある。これだけ店が多くてやっていけるのだろうかと旅行者は思うかもしれないが、心配ご無用。朝から晩まで、文字通り「暇さえあれば」コーヒーを飲んでいる人が多いカナダでは、どの店も1日を通して賑わっているのが普通だ。また、各コーヒーチェーンもきちんと棲み分けができている。たとえば、1杯の値段が手ごろな、もともとはドーナツショップだったティムホートンズ（Tim Hortons）と、コーヒーそのものを売りにした、ラグジュアリ感のあるスターバックス（Starbucks）では客層が微妙に違う。カナダでは自動販売機が日本のように普及しておらず、売られているのは水とジュース、炭酸飲料だけなので、カナダ人がコーヒーショップでコーヒーを買うのは日本人が缶コーヒー、あるいはお茶を買う感覚に近いのかもしれない。カナダと日本のコーヒーを飲み比べてみるのも面白いのでは？

2 アイスホッケー観戦法

カナダといえば、言わずと知れた人気のアイスホッケー。こっちでは地元チームの試合や、プレイオフなどの大切なゲームは、仲間と一緒に観戦するのが一般的だ。ビールやピザを抱えて誰かの家に集まったり、スポーツバーで一杯やりながら皆で盛り上がる、というのが正しい観戦方法だという。そして、地元チームが大事な試合に勝った日には、街はクラクションを鳴らしながら走る車や、お揃いのホッケージャージーを着て歌を歌う人々、全身で喜びを表す若者グループなどで溢れかえる。また、アイスホッケーのシーズンは9月末から4〜5月までと長く、半年以上も至福の時を過ごすことができるのもファンにとっては嬉しい限りだろう。ただ、こんなに人気のあるホッケーがこの国の「冬の」国技となったのは1994年のこと。それまでは、現在では「夏の」国技となったラクロスだけが国技とされていたのは意外だ。

3 風邪を引いたら…

風邪を引くと、カナダ人はアメリカ人と同じく「お母さんの作ったチキンスープ」が飲みたくなるという。お粥や生姜湯を思い浮かべる日本人からすると少々濃いイメージがあるが、セロリやニンジンがたっぷり入ったスープは案外ヘルシーで飲みやすい。胃の調子が悪い時には、「カナダドライ」で有名なジンジャーエールを飲むのも定番。炭酸で胃をすっきりさせ、糖分を摂ることができるので一石二鳥だとか。

また、カナダ人に限らず北米の人々はマスクをしないというのでも知られる。どんなに風邪が流行っていてもしている人はまずいないので、その中でマスクをつけて出かけるのにはかなり勇気が必要だ。カナダ人にその理由を聞くと、「みんなしていないから」「したことがないから」と口を揃えて答えることから、きっと文化的なものなのだろう。ただ、学校や病院、オフィス、銀行などには手の除菌ローションがいたるところに置かれているし、幼稚園などでは頻繁におもちゃや絵本が消毒されているので、風邪の菌が怖くないわけではないらしい。「くしゃみや咳をするときは手で口もとを覆いましょう」と書かれたポスターを見かけることからも、人にうつさないようにしようという意識はあることが分かるが、それがマスクをするという行為には繋がらないようだ。そして、この国にはうがいをする習慣があまりない。カナダ人の前で豪快にガラガラやって、「その音は何だ？」とびっくりされたというのも、よく聞く「カナダあるある」のひとつだ。風邪の対処法1つとっても、お国柄の違いはあるものだ。

4 グッドラック＆バッドラック

カナダの迷信はアメリカのそれと似ていて、イエス・キリストが13日の金曜日に磔にされたことから来た、「13」を不吉な数字とすることは日本でも有名だ。カナダでは13階や13号室がない建物やアパートだけでなく、13列目のない飛行機や第13ゲートがない空港なども多い。他にも、「鏡を割るとそれから7年間不幸が続く」や、「家の中で傘を開いてはいけない」など、何となく馴染みがあるものもあれば、「道の割れ目を踏むと、母親の背骨が折れる（＝よくないことが起こる）」というような意外なものもある。反対に幸運を呼ぶおまじないとしては、「Knock on Wood（木を叩く）」が挙げられる。誰かがこう言いながら、テーブルをコンコンと叩いているシーンを映画などで見たことがないだろうか。また、ウサギの後ろ足や馬の蹄鉄は幸運を呼ぶラッキーアイテムとされている。ウサギの足はポケットやカバンの中に入れておき、馬の蹄鉄は壁などにかけるが、その際、開いた方を上にして飾るのがポイントだという。反対にかけると、幸運が下からこぼれ落ちてしまうのだとか。

5 ペットは大切な家族の一員

ペット先進国であるカナダでは、犬や猫は家族の一員だ。冬が寒いというのもあるが、基本的に犬も猫も家の中で飼われている。もちろん普通の店やレストランには犬を連れて入ることはできないし、ルールを守らない飼い主には罰金が課されたりすることもあるが、州によってはペットがいることを理由にアパートや借家への入居を断ることはできないという法律があったり、犬を連れて行くことのできる場所が多いなど、ペットとペット好きにとってはやさしい国だといえるだろう。

また、カナダでは子犬の時にトレーナーにつけることが多いせいか、大抵どの犬も行儀がいい。ひもなしで飼い主の後をおとなしくついて歩いたり、飼い主が買い物をしている間、つながれてもいないのに店の前で座って待っている犬もいる。日本のように特定の犬種が突然流行ることはあまりないが、シーズーやパグ、柴犬などのアジアの犬の人気が意外と高い。

当然ペット産業も盛んだが、高価な服やキャリーバッグにお金を使うよりは、ペットの健康のためペットフードに気を遣う人の方がはるかに多い。オーガニック食材や地元で摂れた食材しか使っていないものから、穀物を一切使っていないもの、冷蔵保存しておく生タイプのもの、ベジタリアンフードに至るまで、ありとあらゆるペットフードがずらりと並べられた売り場は人間用顔負けだ。肥満対策でライトタイプのペットフードの種類が多いのも、こちらのスーパーマーケットと似ていて面白い。

6 カナダのトイレ事情あれこれ

カナダのコーヒーショップやガソリンスタンド、ファストフード店などでは、トイレに鍵がかかっているからといって中に誰かが入っているとは限らない。治安上の理由から、客以外が使用できないように、鍵がないと開かないようにしているところがあるためだ。ショッピングモールやデパート、高級なレストランなどではそのようなことはないが、ダウンタウンの路面店などには割と多い。このような店ではレジで鍵を貸してもらうようになるが、最近ではレジカウンターに備え付けられたボタンを押すとトイレのドアが開く、最新式のものまで登場している。

カナダでは家庭のトイレでも公衆トイレでも、使い終わった後は開けっ放しにしておくのが普通だ。日本ではマナーが悪いと思われそうなこの行為も、次の人に開いていることを知らせる親切心からのもの。この国にはトイレのドアをノックする習慣がなく、ドアに使用中の表示もないことから、開いていた方が何かと都合がいい。また、カナダの公衆トイレはドアの下の部分が開いているので（これも防犯のため）、この部分から足が見えないことも「空き」のサインになる。そして、ここから床にバッグが無造作に置いてあるのが見えたりするのも、この国ならではの豪快な光景だ。

英語で手紙を書こう!

旅で出会った人や、お世話になった人に、帰国後、手紙を出してみよう。
下記の書き方を参考にして、素直にお礼の気持ちを伝えてみれば友情が深まるはず!

May 1, 2006

Dear Joe and Jane,

How are you? I am back home in Tokyo now, and I just wanted to thank you for being so nice to me and inviting me to your home. I had a wonderful time in Canada, but I will especially remember the fun we had together over dinner. Thank you also for taking me to my first ice hockey game! I will send you copies of the pictures I took as soon as I get them developed.

I really hope that you have the opportunity to come to Japan sometime soon. I would love to return the favor and show you around like you were so kind to do for me.

Please give my regards to your family.

Sincerely,

Yuko Inada

[日付]
カナダの日付の書き方はイギリスやヨーロッパとは異なり、月・日・年の順で書く。数字なら5-1-06

[宛名]
・丁寧な場合
友達への手紙ではファーストネームで。ビジネスなど丁寧な手紙では Mr. や Mrs. の敬称(→P8)をつけ、末尾にはコロン(:)をつける(例 Mr. ○○:)

[結びの言葉]
より親しみのこもった言い方にしたいなら、Your friend, としたり See you again! など気持ちを表す言葉であいさつに代えてもOK

[署名]
署名は肉筆で必ず行う

親愛なるジョーとジェーンへ

元気ですか? 私は東京の自宅に戻ってきました。私にとても親切にしてくださり、お家にもご招待くださり、ありがとう。カナダではすばらしい時間を過ごせましたが、特にご一緒したディナーでの楽しいひとときが印象に残っています。それから、はじめてのアイスホッケー観戦に連れて行ってもらったことにも感謝しています。写真ができ上がったらすぐに送りますね。

近いうちに、ふたりが日本に来る機会ができることを楽しみにしています。あなた方がしてくださったように、日本を案内して、恩返ししたいです。

ご家族のみなさんにもよろしくお伝えください。

[宛先の書き方]

左上に自分の名前と住所を書く。
表面に赤い文字で航空便 AIR MAIL であることを明記する。
中央を目安に相手の名前と住所を書く。
国名はゴシック体の大文字などで明確に。

```
Yuko Inada
25-5 Haraikatamachi, Sinjuku-ku,
Tokyo, Japan 162-8446
                                    [STAMP]

                    Joe and Jane Smith
                    128 Baldwin Ave.
                    Toronto, Ontario
[AIR MAIL]          Canada M5S 1A7
```

知っておこう

日本語 ➡ カナダ英語

50音順カナダ英語単語帳

※「食べよう」のシーンでよく使う単語には🍴印がついています
※「買おう」のシーンでよく使う単語には🛍印がついています
※「伝えよう」のシーンでよく使う単語には💬印がついています

あ

会う	meet ミート
明るい 💬	light ライト
空きの(空席の)	vacant/empty ヴェイカント／エンプティ
開ける	open オウプン
あさって	day after tomorrow デイ アフタァ トゥマロウ
預ける(荷物を)	check チェック
アスピリン	aspirin アスペレン
暖かい	warm ウォーァム
後で	later レイタァ
危ない	dangerous デインジャラス
アレルギー 💬	allergy アラァジィ
安全な	safe セイフ
案内図	guide map ガイド マップ

い

胃	stomach スタマック
意識をなくす	faint フェイント
遺失物相談所	lost and found ロスト アンド ファウンド
移住する	immigrate イミグレイト
急ぐ 💬	hurry ハリィ
痛み	pain ペイン
胃腸薬	stomach medicine スタマック メディスン
嫌がらせ	abuse/harassment アビュース／ハラスメント
入口	entrance エントランス

う

上に	up アップ
うがい薬	mouth wash マウス ウォッシュ
受付	information desk/reception インフォァメイション デスク／リセプション
受け取る	receive リスィーヴ
後ろ	behind ビハインド
美しい 💬	beautiful ビューティフゥ
腕時計 🛍	watch ワッチ
海の見える 💬	with an ocean view ウィズ アン オウシャン ヴュー
売る	sell セゥ
うれしい 💬	glad グラッド
上着 🛍	jacket ジャケット
運賃	fare フェアァ
運転する	drive ドライヴ

え

営業時間	business hours ビズィネス アウアァズ
駅	station ステイション
エスカレーター	escalator エスカレイタァ
エステ	beauty salon ビューティィ サロン
エチケット袋 💬	motion sickness bag モウション スィックネス バッグ
エレベーター	elevator エレヴェイタァ

お

おいしい 🍴	good グッド
応急処置	emergency measure イマーァジェンスィィ メジャァ
横断歩道	crosswalk クラスウォーク
終える	finish フィニッシュ
丘	hill ヒゥ
屋上	roof/rooftop ルーフ／ルーフトップ
送る	send センド
遅れる	be late/be delayed ビ レイト／ビ ディレイド
教える	show/tell ショウ／テゥ
押す	push/press プッシュ／プレス
遅い(時間)	late レイト
遅い(スピード)	slow スロウ
落ち着いた(雰囲気が)	relaxed リラックスト
お釣り	change チェインジ
落とす	drop ドラップ
お腹	stomach スタマック
お腹がすいた 💬	hungry ハングリィ

136

覚える	remember	リメンバァ
思い出す	remember	リメンバァ
お湯	hot water	ハット ワタァ
折り返し電話する	call back	コーゥ バック
降りる	get off	ゲット アフ
下ろす（お金を）	withdraw	ウィズドロー
終わる	end/finish	エンド／フィニッシュ

か

改札	ticket gate/turnstile	ティケット ゲイト／ターンスタイゥ
会社	company	カンパニィ
外出する	go out	ゴウ アウト
快速列車	rapid train	ラピッド トレイン
階段	stairs	ステアァズ
返す	return	リターァン
帰る	go back	ゴウ バック
鏡	mirror	ミラァ
カギ	key	キー
書く	write	ライト
各駅停車（電車）	local train	ロウクゥ トレイン
確認する	confirm	カンファァーム
傘	umbrella	アンブレラ
火事	fire	ファイアァ
貸す	lend	レンド
風邪	cold	コウゥド
数える	count	カウント
肩	shoulder	ショウゥダァ
硬い	hard/tough	ハーァド／タフ
カミソリ	razor	レイザァ
辛い	spicy/hot	スパイスィィ／ハット
借りる	borrow	バロウ
ガレージ	garage	ガラージ
河・川	river	リヴァァ
かわいい	cute	キュート
簡易ベッド	cot	カット
眼科	optometry	アプトゥメトリィ
観光	sightseeing	サイトスィーイング
観光案内所	tourist information	トゥアリスト インファメイション
患者	patient	ペイシェント
勘定	check	チェック
乾燥した（部屋が）	dry	ドライ
看板	sign	サイン

き

気温	temperature	テンパラチャァ
傷（軽い傷）	wound	ウーンド
きつい（衣服が）	tight	タイト
喫煙所	smoking area	スモウキング エアリア
気分が悪い	feel sick	フィーゥ スィック
キャンセルする	cancel	キャンセゥ
キャンセル料	cancellation charge	キャンセレイション チャーァジ
救急車	ambulance	アンビャランス
休憩室	lounge	ラウンジ
距離	distance	ディスタンス
嫌いだ	dislike/hate	ディスライク／ヘイト
霧	fog	ファグ
禁煙エリア	non-smoking area	ノンスモウキング エアリア
緊急の	emergent	イマーァジェント
金庫	safe	セイフ
銀行	bank	バンク
近所	neighbourhood	ネイバァフッド
緊張した	nervous	ナーァヴァス
筋肉痛	muscle pain	マスゥ ペイン

く

空港	airport	エアァポート
空席の	available/vacant seat	アヴェイラブゥ／ヴェイカント スィート
くし	comb	コウム
薬	medicine	メディスン

★ 出入国編 ★

入国審査	inspection	インスペクション
検疫	quarantine	クウォランティーン
居住者／非居住者	resident/non-resident	レズィデント／ナンレズィデント
パスポート	passport	パスポート
ビザ	visa	ヴィーザ
サイン	signature	スィグナチャァ
入国目的	purpose of visit	パーァパス アヴ ヴィズィット
観光	sightseeing	サイトスィーイング
商用	business	ビズィネス
滞在予定期間	intended length of stay	インテンディド レングス アヴ ステイ
乗継ぎ	transit	トランズィット
荷物引取り	baggage claim	バギッジ クレイム
税関審査	customs	カスタムズ
免税／課税	duty-free	デューティフリー

口紅	lipstick リップスティック	交差点	intersection インタアセクション	最終電車	the last train ザ ラスト トレイン
くつろぐ	feel at home/relax フィーゥ アット ホウム/リラックス	工事中	under construction アンダア カンストラクション	採寸する	take someone's size テイク サムワンズ サイズ
曇りの	cloudy クラウディィ	公衆電話	pay phone ペイ フォウン	再発行する	reissue リイシュー
暗い	dark ダーク	公衆トイレ	public restrooms パブリック レストルームズ	財布	wallet ワレット
クリーニング	dry cleaning ドライ クリーニング	高速道路	expressway/freeway エクスプレスウェイ/フリーウェイ	サイン(署名)	signature スィグナチャア
繰り返す	repeat リピート	交通機関	transportation トランスポーアテイション	サイン(署名)する	sign サイン
クレーム	complaint カンプレイント	交通事故	traffic accident トラフィック アクスィデント	詐欺	fraud フロード
け・こ		強盗	robber ラバア	先払いする	pay in advance ペイ イン アドヴァンス
警察官	police officer パリース オフィサア	声	voice ヴォイス	酒	alcohol アゥカホゥ
携帯電話	cell phone セゥ フォウン	国際運転免許証	international driver's license インタアナショナゥ ドライヴァアズ ライセンス	撮影する	take a picture テイク ア ピクチャア
外科	surgery サーアジェリィ			殺虫剤	insecticide/bug spray インセクテサイド/バグ スプレイ
ケガをする	get hurt ゲット ハート	国際通話	international call インタアナショナゥ コーゥ	サプリメント	supplement サプゥメント
化粧品	cosmetics カズメティックス	故障する	break down ブレイク ダウン	寒い	cold コウゥド
血圧	blood pressure ブラッド プレッシャア	小銭	change チェインジ	**し**	
血液型	blood type ブラッド タイプ	国境	border ボーアダア	市外通話	long-distance call ロングディスタンス コーゥ
下痢	diarrhea ダイアリア	骨折	fracture フラクチャア	止血する	stop the bleeding スタップ ザ ブリーディング
ケンカ	fight/quarrel ファイト/クワレゥ	子供料金	chidren's fare チゥドレンズ フェアア	時刻表	timetable タイムテイブゥ
玄関	front door フラント ドアア	断る	decline/refuse ディクライン/リフューズ	事故証明書	accident report アクスィデント リポート
元気な	fine/well ファイン/ウェゥ	ゴミ	trash トラッシュ	時差	time difference タイム ディファランス
現金	cash キャッシュ	ゴミ箱	trash can トラッシュ キャン	時差ボケ	jet lag ジェット ラグ
検査	check/inspection チェック/インスペクション	コレクトコール	collect call コレクト コーゥ	試食する	taste/try a food sample テイスト/トライ ア フード サンプゥ
現像する	develop ディヴェラップ	壊れ物	fragile フラジャイゥ	静かな	quiet クワイエット
現地スタッフ	local staff ロウクゥ スタッフ	壊れる	break ブレイク	下着	underwear アンダアウェアア
(コイン)ロッカー	(coin-operated) locker (コインアペレイティド) ラッカア	混雑した	crowded クラウディド	下に	down ダウン
硬貨	coins コインズ	コンセント	outlet アウトレット	試着する	try on トライ アン
交換する	exchange イクスチェインジ	**さ**		湿度	humidity ヒューミディティィ
航空便	airmail エアアメイゥ	サービス料	service charge サーアヴィス チャーアジ	湿布	compress カンプレス

指定席	reserved seat リザーァヴド スィート
自動販売機	vending machine ヴェンディング マシーン
市内通話	local call ロウクゥ コーゥ
始発電車	the first train ザ ファーアスト トレイン
支払う	pay ペイ
地ビール	regional beer/local beer リージョナゥ ビアァ／ロゥクゥ ビアァ
耳鼻咽喉科	otolaryngology オウトラレンガラジィ
持病	chronic disease クロニック ディズィーズ
紙幣	bills ビゥズ
脂肪	fat/grease ファット／グリース
島	island アイランド
事務所	office オフィス
ジメジメした	humid ヒューミッド
閉める・閉じる	close クロウズ
蛇口	faucet フォーセット
州	state ステイト
住所	address アドレス
自由席	non-reserved seat ナンリザーァヴド スィート
充電	charge チャーァジ
週末	weekend ウィーケンド
重要な	important インポーァタント
修理する	fix/repair フィックス／リペアァ
宿泊する	stay ステイ
手術	operation アペレイション
出血する	bleed ブリード
出張	business trip ビズィネス トリップ
首都	capital キャピタゥ
準備ができた	ready レディ
紹介する	introduce イントロデュース
消化不良	indigestion インデジェスション
錠剤	pill/tablet ピゥ／タブレット
上司	boss バス
招待する	invite インヴァイト
使用中	occupied アキュパイド
消毒液	disinfectant ディスインフェクタント
小児科	pediatrics ピーディアトリクス
消費税	sales tax/consumption tax セイゥズ タックス／カンサンプション タックス
消防自動車	fire engine ファイアァ エンジェン
消防署	fire station ファイアァ ステイション
賞味期限	expiration date エクスペレイション デイト
証明書	certificate サーァティフィケット
正面に	in front of イン フラント アヴ
食あたり	food poisoning フード ポイズニング
食事	meal ミーゥ
食欲	appetite アペタイト
処方箋	prescription プリスクリプション
知る	know ノウ
信号	signal スィグナゥ
申告する	declare ディクレアァ
新婚旅行	honeymoon ハニィムーン
診察	examination イグザミネイション
寝室	bedroom ベッドルーム
親戚	relatives リラティヴズ
診断書	medical certificate メディカゥ サーァティフィケット
じんましん	hives ハイヴズ
深夜に	late at night レイト アット ナイト

す

睡眠薬	sleeping pills スリーピング ピゥズ
好きだ	like ライク
過ぎる	pass パス
すぐに	soon スーン
涼しい	cool クーゥ
ステレオ	stereo ステリオウ
すばらしい	wonderful/great ワンダフゥ／グレイト
住む	live リヴ
スリ	pickpocket ピックパケット

★ 電話・通信編 ★

公衆電話	pay phone	ペイ フォウン
市内通話	local call	ロウクゥ コーゥ
長距離通話	long-distance call	ロングディスタンス コーゥ
国際電話	international call	インタァナショナゥ コーゥ
交換手経由の通話	operator-assisted call	アペレイタァアスィスティド コーゥ
番号通話	direct-dial call	デレクトダイアゥ コーゥ
コレクトコール	collect call	コレクト コーゥ
テレフォンカード	telephone card	テレフォウン カーァド
ファクシミリ	facsimile	ファクスィメリ
航空便	airmail	エアァメイゥ
船便	mail by ship	メイゥ バイ シップ
ポスト	mailbox	メイゥバックス
切手	stamp	スタンプ
インターネット	internet	インタァネット

座る	sit スィット	体温計	thermometer サァマメタァ	注射	injection インジェクション
せ・そ		退屈して	bored ボアァド	駐車禁止	no parking ノウ パーキング
税	tax タックス	滞在	stay ステイ	駐車場	parking lot パーキング ラット
請求する	charge チャーァジ	大使館	embassy エンバスィィ	直進する	go straight ゴウ ストレイト
税込みの	tax included タックス インクルーデド	大丈夫	okay オウケイ	直行の	non-stop ナンスタップ
精算する	cash out キャッシュ アウト	高い(高さが)	high/tall ハイ/トーゥ	鎮痛剤	pain medication ペイン メディケイション
成人	adult アダゥト	高い(値段が)	expensive イクスペンスィヴ	**つ**	
生理	period ピアリアド	タクシー乗り場	taxi stand タクスィ スタンド	追加料金	additional charge アディショナゥ チャーァジ
生理痛	menstrual cramps メンスチュルアル クランプス	助ける	help ヘゥプ	通路	aisle アイゥ
生理用品	sanitary product サニタリィ プロダクト	尋ねる	ask アスク	疲れて	tired タイアァド
背が高い	tall トーゥ	立ち上がる	stand up スタンド アップ	次の	next/following ネクスト/フォロウィング
背が低い	short ショーァト	楽しむ	enjoy/have fun エンジョイ/ハヴ ファン	続ける	continue カンティニュー
咳	cough カフ	タバコ	cigarettes シガレッツ	包む	wrap ラップ
席(乗り物)	seat スィート	タバコを吸う	smoke スモウク	つなぐ	connect コネクト
席(レストラン)	table テイブゥ	打撲	bruise ブルーズ	爪	fingernail フィンガァネイゥ
窃盗	theft セフト	だます	cheat チート	冷たい	cold コウゥド
セレブ	celebrity セレブリティ	団体旅行	group tour グループ トゥアァ	**て**	
洗浄液(コンタクト)	lens solution レンズ ソルーション	暖房	heater ヒータァ	手当てする	give medical treatment ギヴ メディカゥ トリートメント
ぜんそく	asthma アズマ	**ち**		テイクアウトする	buy...to go バイ トゥ ゴウ
洗濯物	laundry ローンドリィ	血	blood ブラッド	定刻どおりに	on time アン タイム
洗面用具	toiletries トイラットリーズ	地下鉄	subway サブウェイ	ティッシュ	tissue ティシュ
騒音	noise ノイズ	近道する	shortcut ショーァトカット	出口	exit エグズィット
掃除する	clean クリーン	チケット売り場	ticket booth ティケット ブース	手数料	fee フィー
早朝	early morning アーァリィ モーァニング	地図	map マップ	手荷物	baggage/luggage バギッジ/ラギッジ
外	outside アウトサイド	チップ	tip ティップ	手荷物預かり所(クローク)	cloakroom クロウクルーム
た		中華の	Chinese チャイニーズ	デパート	department store ディパーァトメント ストーァ
体温	body temperature バディィ テンパラチャァ	中古の	secondhand セカンドハンド	テロ	terrorism テラリズム

天気	weather ウェザァ
電気(灯り・照明)	light ライト
天気予報	weather report ウェザァ リポート
電源	power source パウァァ ソーァス
伝言	message メスィジ
店内で食べるための	for here フォァ ヒアァ
電話	telephone テレフォウン
電話帳	telephone book/directory テレフォウン ブック/ディレクトリィ

と

トイレ	restroom レストルーム
到着する	arrive アライヴ
盗難	theft セフト
同伴者	companion カンパニアン
同僚	co-worker コウワーァカァ
道路	road ロウド
登録する	register レジスタァ
遠回り	indirect route インディレクト ルート
通り	street ストリート
時計	clock/watch クラック/ワッチ
途中で	on the way アン ザ ウェイ
特急列車	express train イクスプレス トレイン
届ける	deliver ディリヴァァ
徒歩で	on foot アン フット
ドライヤー	blow dryer ブロウ ドライァァ
ドラッグストア	drugstore ドラッグストァ
トランク	trunk トランク
取り扱い注意	handle with care ハンドゥ ウィズ ケアァ

取引	deal ディーゥ
泥棒	thief スィーフ

な・に

内科	internal medicine インターァナァ メディスン
内線	extension エクステンション
直す	fix/repair フィックス/リペアァ
治る	get well ゲット ウェゥ
長い	long ロング
眺めのいい	scenic スィーニック
軟膏	ointment オイントメント
においがする	smell スメゥ
荷物	baggage/luggage バギッジ/ラギッジ
入場料	entrance fee エントランス フィー
尿	urine ユアラン
庭	garden/yard ガーデン/ヤーァド

ね・の

値段・価格	price プライス
熱がある	have a fever ハヴ ア フィーヴァァ
ネット接続	internet connection インタァネット カネクション
眠る	sleep スリープ
捻挫	sprain スプレイン
喉	throat スロウト

喉が渇いた	thirsty サーァスティ
飲み物	drink ドリンク
乗り換える	change チェインジ
乗り捨てる(レンタカー)	drop off ドラップ アフ
乗り損なう	miss ミス
乗り継ぎ	connection カネクション
乗り物酔い	motion sickness モウション スィックネス
乗る	get on/ride ゲット アン/ライド
のんびりする	relax リラックス

は

歯	teeth ティース
肺炎	pneumonia ニューモウニャ
歯医者	dentist デンティスト
歯痛	toothache トゥースエイク
入る	enter エンタァ
吐き気がする	be nauseous ビ ノーシャス
吐く	vomit ヴァメット
運ぶ	carry キャリィ
始まる	begin/start ビギン/スターァト
場所	place プレイス
バスで	by bus バイ バス
バス停	bus stop バス スタップ

★ 両替編 ★

ドルに交換してください	Please exchange this to dollars. プリーズ イクスチェインジ ズィス トゥ ダラァズ
小銭をまぜてください	Please include small change. プリーズ インクルード スモーゥ チェインジ
銀行	bank バンク
両替所	currency exchange カレンスィ イクスチェインジ
為替レート	exchange rate イクスチェインジ レイト
為替レートはいくらでしょうか?	What's the exchange rate? ワッツ ズィ イクスチェインジ レイト
外貨交換証明書	exchange receipt イクスチェインジ リスィート

パソコン	personal computer パーソナウ コンピュータァ	非常口	emergency exit イマージェンスィィ エグズィット	平日	weekday ウィークデイ
働く	work ワーク	左	left レフト	ベランダ	veranda ヴェランダ
発行する	issue/publish イシュー/パブリッシュ	ピッタリの (サイズが)	fit フィット	変圧器	transformer トランスフォーアマァ
派手な (衣服が)	flashy フラッシィ	必要な	necessary ネセサリィ	返金する	refund リファンド
パトカー	police car パリース カーァ	ビデオカメラ	video camera ヴィディオウ キャメラ	変更する	change チェインジ
話す	talk トーク	110番/119番	911 ナインワンワン	便秘	constipation カンスタペイション
はねる (人を)	hit ヒット	日焼け	sunburn サンバーァン	返品する	return リターァン
歯ブラシ	toothbrush トゥースブラッシュ	日焼け止め	sunscreen サンスクリーン		**ほ**
葉巻	cigar スィガアァ	病院	hospital ハスピタウ	方向	direction ディレクション
歯磨き粉	toothpaste トゥースペイスト	病気	sickness/illness シックネス/イゥネス	暴行	violence/outrage ヴァイオレンス/アウトレイジ
早い (時間)	early アーァリィ	標識	sign サイン	帽子	cap/hat キャップ/ハット
速い (スピード)	fast ファスト	拾う	pick up ピック アップ	包帯	bandage バンデイジ
払戻し	refund/reimbursement リファンド/リインバーァスメント	貧血	anaemia アニーミア	ポーター	porter ポーァタア
晴れの	sunny/clear サニィ/クリア		**ふ**	ホーム (駅)	platform プラットフォーアム
番号	number ナンバァ	ファックス	fax ファックス	保険	insurance インシュアランス
絆創膏	Band-Aid バンデイド	不安な	worried ワリード	保険料	insurance premium インシュアランス プリーミアム
反対側の	opposite アパズィット	夫婦	married couple マリッド カプゥ		**ま**
半日の	half-day ハーフデイ	部下	subordinate サブオーァディネイト	迷子になる	be lost ビ ロスト
パンフレット	pamphlet パンフレット	腹痛	stomachache スタマックエイク	前売り券	advance ticket アドヴァンス ティケット
	ひ	二日酔い	hangover ハングオウヴァァ	前に (位置)	in front of イン フラント アヴ
被害	damage ダミジ	ブラシ	brush ブラッシュ	前もって	beforehand/in advance ビフォァハンド/イン アドヴァンス
日帰りの	one-day ワンデイ	ブランド品	brand goods/designer goods ブランド グッズ/ディザイナァ グッズ	曲がる	turn ターァン
引く	pull プゥ	古い	old オウゥド	まずい (味)	taste terrible テイスト テリブゥ
低い	low ロウ	フロント	front desk フラント デスク	待合室	waiting room ウェイティング ルーム
ヒゲ	moustache/beard マスタッシュ/ビアァド	分割払い	installment payments インストーゥメント ペイメンツ	間違う	make a mistake メイク ア ミステイク
ヒゲを剃る	shave シェイヴ	紛失した	missing ミスィング	マッサージ	massage マサーァジ
飛行機で	by plane バイ プレイン		**へ**	窓	window ウィンドウ

間に合う	be in time / ビ イン タイム
眉	eyebrows / アイブラウズ
満室(掲示)	no vacancy / ノウ ヴェイカンスィ
慢性の	chronic / クロニック
満席の	full / フゥ
満足した	satisfied / サティスファイド

み

右	right / ライト
短い	short / ショーァト
湖	lake / レイク
未成年	under age/minor / アンダァ エイジ／マイナァ
見せる	show / ショウ
道に迷う	get lost / ゲット ロスト
ミネラルウォーター	mineral water / ミネラゥ ワタァ
脈拍	pulse / パゥス
みやげ	souvenir / スーヴェニァァ
名字	family name / ファミリィ ネイム

む・め

虫除け	insect repellent / インセクト リペラント
無料の	free / フリー
名所	place of interest / プレイス アヴ インタレスト
眼鏡	glasses / グラスィズ
目薬	eye drops / アイ ドラップス
目覚まし時計	alarm clock / アラーアム クラック
目印	mark / マーァク
珍しい	rare/unusual / レァァ／アニューヂュアウ
めまい	dizziness / ディズィネス

免税店	duty-free shop / デューティフリー シャップ

も

申込用紙	application form / アプリケイション フォーァム
申し込む	apply for / アプライ フォア
毛布	blanket / ブランケット
モーニングコール	wake-up call / ウェイカップ コーゥ
目的	purpose / パーパス
目的地	destination / デスティネイション
持ち帰りの	to go / トゥ ゴウ
持っていく	take / テイク
戻ってくる	come back / カム バック

や・ゆ

焼き増しする	reprint / リプリント
火傷	burn / バーァン
安い(値段が)	cheap / チープ
薬局	pharmacy / ファーァマスィ
軟らかい	soft / ソフト
憂鬱な	depressed/gloomy / ディプレスト／グルーミィ
有効な	effective/valid / エフェクティヴ／ヴァリッド
郵便番号	zip code / ズィップ コウド
有名な	famous / フェイマス
緩い(衣服が)	loose / ルース

よ

幼児	infant/little child / インファント／リトゥ チャイゥド
浴室	bathroom/shower / バスルーム／シャウァァ
横になる	lie down / ライ ダウン
汚れた	dirty / ダーァティィ

酔った	drunk / ドランク
呼ぶ	call / コーゥ
予約する	make a reservation / メイク ア レザァヴェイション
弱い	weak / ウィーク

ら・り

ライター	lighter / ライタァ
ラジオ	radio / レイディオウ
流行の	popular / パピュラァ
両替	exchange / イクスチェインジ
料金	fee/charge / フィー／チャーァジ
領収書	receipt / リスィート
旅行	travelling / トラヴェリング

る・れ・ろ

留守番電話	answering machine / アンサリング マシーン
冷房	air-conditioning / エアァカンディショニング
レジ	cashier / キャシァァ
レンタカー	car rental / カーァ レンタゥ
連絡先	contact information / カンタクト インフォメイション
路線図	route map / ルート マップ
ロビー	lobby / ラビィ
路面電車	streetcar / ストリートカーァ

わ

わかる	understand / アンダスタンド
和食の	Japanese / ジャパニーズ
忘れる	forget / フォーァゲット
渡る(道を)	go across / ゴウ アクロス
割引	discount / ディスカウント

知っておこう

絵を見て話せる タビトモ会話

カナダ
カナダ英語 + 日本語/フランス語

絵を見て話せる タビトモ会話

＜アジア＞
- ①韓国
- ②中国
- ③香港
- ④台湾
- ⑤タイ
- ⑥バリ島
- ⑦ベトナム
- ⑧フィリピン
- ⑨カンボジア
- ⑩マレーシア
- ⑪インドネシア
- ⑫ネパール
- ⑬ソウル
- ⑭バンコク
- ⑮上海

＜ヨーロッパ＞
- ①イタリア
- ②ドイツ
- ③フランス
- ④スペイン
- ⑤ロシア
- ⑥フィンランド
- ⑧ポルトガル

＜中近東＞
- ①トルコ

＜アメリカ＞
- ②カナダ

＜中南米＞
- ①ペルー

続刊予定
インド
イギリス
オランダ
チェコ
アメリカ
ブラジル
メキシコ
ハワイ
オーストラリア
スウェーデン
エジプト
ビジネス中国語

初版印刷	2010年1月15日
初版発行	2010年2月1日 (Feb.1,2010,1st edition)
編集人	神部隆志
発行人	竹浪 譲
発行所	JTBパブリッシング
印刷所	凸版印刷

- ●企画／編集 …………… 海外情報部
- ●編集／執筆 …………… リリーフシステムズ (原若菜　川上洋子) ボレック光子
- ●表紙デザイン ………… 高多 愛 (Aleph Zero, inc.)
- ●本文デザイン ………… Aleph Zero, inc.／アイル企画
- ●翻訳 …………………… ㈶英語教育協会(ELEC)／James Watt
- ●組版 …………………… 凸版印刷
- ●イラスト ……………… オカダナオコ／霧生さなえ
- ●地図 …………………… ジェイ・マップ
- ●マンガ ………………… 玖保キリコ

●JTBパブリッシング
〒162-8446
東京都新宿区払方町25-5
編集:☎03-6888-7878
販売:☎03-6888-7893
広告:☎03-6888-7831
https://jtbpublishing.co.jp/

●おでかけ情報満載
https://rurubu.jp/andmore/

禁無断転載・複製
©JTB Publishing 2010 Printed in Japan
194406　758290　ISBN978-4-533-07753-1

タビ会話
758290